Novos possíveis no encontro da psicologia com a educação

Adriana Marcondes Machado
Ângela Maria Dias Fernandes
Marisa Lopes da Rocha
(Organizadoras)

Novos possíveis no encontro da psicologia com a educação

© 2006, 2010 Casapsi Livraria e Editora Ltda.
É proibida a reprodução total ou parcial desta publicação, para qualquer finalidade, sem autorização por escrito dos editores.

1ª Edição	*2006*
1ª Reimpressão	*2010*
2ª Reimpressão	*2013*
Editor	*Ingo Bernd Güntert*
Coordenador Editorial	*Fabio Alves Melo*
Produção Editorial	*Casa de Ideias*

Dados Internacionais de Catalogação na Publicação (CIP)
Angélica Ilacqua CRB-8/7057

Novos possíveis no encontro da psicologia com a educação / Adriana Marcondes Machado; Ângela Maria Dias Fernandes, Marisa Lopes da Rocha (organizadoras). — São Paulo: Casa do Psicólogo, 2013.

2ª reimpr. da 1ª ed. de 2010
Vários autores
Bibliografia
ISBN 978-85-7396-513-1

1. Educação. 2.Psicologia. 3. Psicologia educacional. 4. produção de subjetividade no contexto escolar 5. Política e epistemologia. I. Machado, Adriana Marcondes II. Fernandes, Ângela Maria Dias III. Rocha, Marisa Lopes da IV. Título

12-0271	CDD 370.15

Índices para catálogo sistemático:
1. Psicologia e educação

Impresso no Brasil
Printed in Brazil

As opiniões expressas neste livro, bem como seu conteúdo, são de responsabilidade de seus autores, não necessariamente correspondendo ao ponto de vista da editora.

Reservados todos os direitos de publicação em língua portuguesa à

Casapsi Livraria e Editora Ltda.
Rua Simão Álvares, 1020
Pinheiros • CEP 05417-020
São Paulo/SP – Brasil
Tel. Fax: (11) 3034-3600
www.casadopsicologo.com.br

Sumário

Prefácio 7
Marisa Vorraber Costa

Apresentação 11
Adriana Marcondes Machado, Ângela Maria Dias Fernandes e Marisa Lopes da Rocha

Capítulo I
Educação, políticas de subjetivação e sociedades de controle ... 15
Sylvio Gadelha

Capítulo II
A formação como acontecimento: solidão, pensamento
e autogestão 37
Marisa Lopes da Rocha

Capítulo III
Política e epistemologia: experiência e trajetórias de
aprendizagem na formação de professores 49
Rosimeri de Oliveira Dias e Vanessa Breia

Capítulo IV
Uma pesquisa-intervenção em análise: militância,
sobreimplicação ou ato político? 67
Nair Iracema Silveira dos Santos e Luciana Rodriguez Barone

Capítulo V
Desafios metodológicos para a pesquisa no campo da psicologia: o que pode uma pesquisa?................................87
Ana Heckert e Maria Elizabeth Barros de Barros

Capítulo VI
Plantão institucional: um dispositivo criador....................117
Adriana Marcondes Machado

Capítulo VII
Histórias e práticas do sofrer na escola: múltiplos atos/atores na produção do "aluno-problema"...............145
Ângela Maria Dias Fernandes, Andréia Accioly, Deliane M. F. de Sousa, Gabriela Fernandes Rocha Patriota, Jonathas Martins, Maria Luiza Pontes de França Freitas, Marina Pereira Gonçalves e Tereza Lidiane Barbosa da Costa

Capítulo VIII
Transversalizando saúde e educação: quando a loucura vai à escola 167
Maria Cristina Gonçalves Vicentin

Capítulo IX
Reflexões sobre educação, pós-mídia e produção de subjetividade no contexto escolar....................................185
Luciana Lobo Miranda

Capítulo X
Histórias, sonhos e lutas de conselheiros tutelares de Cariacica – ES 207
Elizabeth Maria Andrade Aragão e Helerina Aparecida Novo

Prefácio

Marisa Vorraber Costa

Há mais de 20 anos que as transformações radicais, operadas ao longo do século XX no que nos habituamos denominar de campo das humanidades, vêm gestando um conjunto de análises que já começa a contribuir para erodir muitas concepções consagradas e, simultaneamente, para fazer surgir outras. São as ferramentas de uma nova era que se constituem para torná-la pensável, equacionável. E quando se trocam as lentes através das quais se olha para o mundo e para as coisas, quase tudo é novo e uma imensa tarefa se descortina diante de nós.

As autoras e autores que apresentam seus estudos neste livro fazem parte desse grupo crescente de desbravadores, que vêm se arriscando a lançar outros olhares para os fenômenos em andamento não apenas em seu campo de atuação, mas nas interseções deste com outros tantos territórios. É assim que nos levam a cruzar com as histórias e lutas de novos protagonistas da ordem social, como é o caso dos conselheiros tutelares. É assim, também, que nos conduzem pelos meandros da educação inclusiva, quando esta implica na delicada tarefa de lidar com a loucura na escola; bem como nos introduzem a uma reflexão sobre a educação como acontecimento, acenando com novos jeitos de pensar sobre um fenômeno que só conseguíamos vislumbrar como processo lógico e articulado.

Sobretudo, os textos deste livro nos falam de estranhamento, de busca, de complexidade, de diversidade, de micropolítica e de micropoderes, de jogos de poder e de verdade, remetendo-nos a referenciais que desautorizam as prescrições e sublinham a necessidade de penetrarmos cautelosamente em nosso tempo. Na seleção dos trabalhos fica evidente o critério priorizado pelas organizadoras de transitar pelas interfaces educação/psicologia/saúde/instituições, tendo como eixo de aproximação teórica a opção analítica por mostrar como se produzem e como se naturalizam certos sujeitos e certas práticas.

Pode parecer estranho, e talvez pouco elegante, escrever o prefácio de um livro lembrando de outro, mas ao ler os trabalhos que compõem a presente obra, não posso deixar de pensar que devo o convite para esta escrita às coletâneas *Caminhos Investigativos*, de cujo primeiro volume o subtítulo é "Novos olhares na pesquisa em educação". Por que essa associação entre as publicações? Porque os *Caminhos Investigativos* surgiram há dez anos, e prosseguem até hoje, exatamente para corresponder a algo que se apresentava imperativo para um grupo de pesquisadoras e pesquisadores a importância e a necessidade de desenvolver e compartilhar uma reflexão sistemática e permanente sobre temas, problemas e caminhos que começávamos a inventar e a trilhar, sem qualquer segurança, sem qualquer certeza, e com a forte suspeita de que ambas, certeza e segurança, integram uma discursividade em crise. Ao compartir tais sentimentos, fazendo circular nossas reflexões e procurando instaurar laços de solidariedade intelectual para fazer frente às políticas culturais cristalizadas, que nos impõem sentidos e interditam tudo aquilo que coloca os cânones sob suspeita, começamos a ouvir muitas vozes. Todas elas, ao longo desses anos, vêm contribuindo para multiplicar e matizar a gama de perspectivas com que temos nos voltado para a educação, entendida como um fenômeno que se espraia pelos espaços-tempos da cultura. Suponho ter encontrado nos autores deste livro um conjunto desses interlocutores que se aventuram por caminhos ainda pouco trilhados, que desalojam, que vislumbram novas articulações e inventam novas composições, que se expõem com humildade sem dispensar rigor e método, e que assim ajudam a multiplicar modos de ver e pensar, a mostrar como fazemos de nós o que somos, como nos constituímos como sujeitos de um certo tipo nas tessituras da cultura em que nascemos e vivemos.

Finalmente, quero registrar o quanto fiquei honrada e feliz com este convite. Para além do fato de expressar uma distinção acadêmica que me lisonjeia, ele é o exemplo vivo de que nosso trabalho vale a pena, de que publicar o que se pesquisa é uma forma de compartilhar o que se pensa, de expor-se e participar de debates instigantes, de enveredar por caminhos insuspeitados, de manter-se aberto a diálogos e alianças. E é assim que vejo o presente livro — como continuidade de uma produtiva e interessante conversação sobre coisas do nosso tempo.

Apresentação

Este livro surge entre bons encontros de diferentes pesquisadores e destes com o trabalho ligado à psicologia e à educação na luta por agenciar dispositivos que funcionem a favor de mudanças na produção de subjetividade. Em meio a alegrias, impasses e questões, trabalhos institucionais e reflexões foram ganhando consistência no grande Brasil que somos, com inúmeras diversidades e problemáticas comuns.

Nas experiências e análises que tecem os sucessivos capítulos deste livro, ficou evidenciado que, para as transformações no cotidiano das práticas de formação, para o enfrentamento das armadilhas que vão sendo constituídas, não se trata simplesmente de aplicar outros métodos, de trazer novos conteúdos ou compreender as situações através da circunscrição histórico-política, mas de cartografar as forças que constituem a multiplicidade na qual se produzem a organização, as formas, os sujeitos, enquanto códigos e territórios marcados pelos modos hegemônicos de existência.

Eis uma importante questão para a educação: as forças que constituem a multiplicidade, o virtual, estão bloqueadas na pedagogia que traz como preocupação a introdução de meios práticos e eficientes, reduzindo as polêmicas implicadas no ato de aprender.

Gilles Deleuze e Félix Guattari pontuam que as forças são os elementos constitutivos, a matéria das coisas, e que acontecimento é o modo como essas forças se encontram, se entrelaçam, fazem composições, desmanchando e produzindo novos estados. Cada coisa, cada fato, tem uma geografia, é um diagrama, um mapa, e o que se mostra como interessante numa escola, nas pessoas, nos grupos, nos movimentos, são as forças neles atravessadas, suas formas singulares de implicação com esta realidade, as linhas que os compõem ou que por estes são criados.

Este é o desafio abraçado pelos pesquisadores, educadores e psicólogos que aqui relatam suas histórias de trabalho, experiências, reflexões: analisar as linhas que enredam a educação em seus pontos de flexibilidade, de rompimento, de endurecimento, afirmando maneiras de ser singulares, formas outras de viver, com o objetivo de, neste campo de forças, produzir composições que combatam o assujeitamento e a cristalização.

As práticas educacionais teriam como eixo pensar o processo de produção da diversidade das situações concretas que se constroem. Ação que difere bastante de tentar encaixar o cotidiano nas teorias pré-concebidas que estabelecem as regularidades a serem alcançadas através de avaliações sucessivas. Não se trata de desqualificar os conhecimentos estruturados, mas de enfatizar o pensar. Pensar se processa entre o saber já constituído e o fazer, o experimentar cotidiano. O ato de aprender, de conhecer, é necessariamente a construção de algo, é ação e não representação dentro de um sistema dado que tem como referência um código imutável. Só conhecemos algo quando estamos atentos à sua permanente transformação, e não quando estamos em busca de uma possível essência, identidade, das certezas eternas ou da comprovação de verdades constituídas.

Os textos que se seguem revelam caminhos onde o encontro pode se transformar em acontecimento que privilegia o movimento e a transformação dos modos hegemônicos de existência. Novos possíveis na investigação das sociedades de controle e da produção de subjetividades no contexto escolar, na formação e na aprendizagem, na loucura e no sofrimento na escola, na mídia e nos movimentos dos trabalhadores sociais. Percursos que engendram buscas e que pretendem a abertura para outros encontros com práticas e sujeitos implicados com novas formas de fazer escola.

Adriana Marcondes Machado
Ângela Maria Dias Fernandes
Marisa Lopes da Rocha

Capítulo I

Educação, políticas de subjetivação e sociedades de controle

Sylvio Gadelha[*]

Como poderíamos expressar, mesmo que rapidamente, as representações associadas ao sujeito da educação e ao processo formativo-educativo que lhe seria correlato, legadas a nós pela modernidade, particularmente, por intermédio da psicologia e da pedagogia? Trata-se, *grosso modo*, de desenvolver e aperfeiçoar as potencialidades da criança – atributos e funções psicológicas tidos como essenciais ao seu ser, à sua natureza humana – de modo a construir, seguindo e intervindo metodicamente junto às suas diversas etapas evolutivas, a pessoa madura e o cidadão que um dia essa criança se tornará, transformando-a num ser social autônomo, moralmente livre e empreendedor, apto à vida social e produtiva, bem como cônscio da importância de atuar em prol de uma sociedade justa e igualitária, buscando o progresso, suas realizações e sua felicidade. Temos, assim, uma brevíssima caracterização do que a pedagogia e a psicologia modernas reservaram ao *Emílio* de Rousseau, ou melhor, os saberes, práticas e valores que ainda ressoam em

---

[*] Prof. do Depto. de Fundamentos da Educação da FACED (UFC) e coordenador do Núcleo de Movimentos Sociais, Educação Popular e Escola, do Programa de Pós-Graduação em Educação Brasileira da FACED (UFC). (sylviogadelha@uol.com.br)

nossos dias como aqueles que devem pautar e consubstanciar o que entendemos por educação. Contudo, e aqui começam nossos problemas, tais representações não resistiram às idiossincrasias do processo histórico. Com efeito, e o filósofo Gilles Deleuze já o assinalava no prólogo de *Diferença e repetição* (1988), seria necessário perceber, para aquém e além da positividade que marca esses e outros projetos, metanarrativas e/ou representações dos tempos modernos, ou seja, dessas universalidades ideais abstratas, toda uma série de agitações, toda uma movimentação intensiva, constituída, em última instância, pela explosão e dispersão de multiplicidades empíricas.

O primado da identidade, seja qual for a maneira pela qual esta é concebida, define o mundo da representação. Mas o pensamento moderno nasce da falência da representação, assim como da perda das identidades, e da descoberta de todas as forças que agem sob a representação do idêntico. O mundo moderno é dos simulacros. Nele, o homem não sobrevive a Deus, nem a identidade do sujeito sobrevive à identidade da substância. Todas as identidades são apenas simuladas, produzidas como um "efeito" ótico por um jogo mais profundo, que é o da diferença e da repetição. (Deleuze, 1988, p. 15-16)

Trincou-se o espelho, isto é, o conjunto de representações de que nos servíamos para nos referenciar em face das coisas, da realidade, de nós mesmos e de outrem. De fato, mudou a realidade e aquilo que a espelhava em termos ideais. E é justamente em meio a esse estado de coisas que se instaura o que chamamos de crise ou mal-estar contemporâneos. Do mesmo modo, é justamente em meio a esse novo estado de coisas, e por intermédio dele, que a indagação sobre as condições de possibilidade da educação pode e deve, daqui por diante, ser colocada; só que em outros termos, como veremos a seguir. Faz-se necessário frisar, entretanto, que tal crise não diz respeito apenas à realidade social ou à realidade educacional, como se queira; ela atinge também, e não sem consequências, o próprio exercício do pensar, ou seja, ela nos força a questionar os conceitos, as categorias, os princípios e até mesmo a imagem de pensamento dos quais, até então, temos nos utilizado para apreender a realidade e nela intervir.

Voltemos pois os olhos e ouvidos ao que se tem passado ao nosso redor, particularmente para as circunstâncias que, mais ou menos desde os anos 1950, têm pautado as novas condições de existência nas sociedades contemporâneas. Nesse breve período histórico, as sociedades ocidentais têm sido objetos de intensas e vertiginosas mutações, a ponto de assumirem feições e levantarem problemas absolutamente novos, complexos e desconcertantes para os educadores, indivíduos e coletividades que nelas vivem. Para aqueles que buscam produzir, seja no domínio da arte, seja no da ciência ou no da filosofia, sentidos possíveis para tais mutações, tomando a si o encargo de propor novos quadros de referência e ação em face dos desafios que elas evocam, há que se ter em mente um especial agravante. O caso é que o ritmo vertiginoso de tais mutações, turbinado pelas revoluções na biotecnologia, na nanotecnologia, na robótica, na informática, na telemática e nas comunicações como um todo, já quase não nos permite localizar, representar e identificar de forma clara, objetiva e estável, *estratificações* de coisas. Por *estratificações* quero designar, com Gilles Deleuze e Félix Guattari (1992, 1996, 1997), estados de coisas com contornos e significações definidos, segmentaridades duras, territorialidades constituídas, representações atualizadas, em suma, todo um relevo, toda uma geografia visível e dizível, referentes a um determinado plano ou realidade que habitamos. Nesses termos, sempre que buscamos empreender mapeamentos da realidade em que estamos inseridos, tudo se passa como se já não conseguíssemos, por força de sua intensa mobilidade, traçar contornos precisos e duradouros das formas através das quais ela existe ou se nos apresenta empiricamente à percepção (ou seja, de sua existência, tal como ela se nos enuncia e nos dá a ver). Se isso é procedente, resulta daí que perdemos também as referências ou marcos necessários à nossa orientação, ao nosso posicionamento e ação perante o mundo. Diante desse impasse, nos sentindo na impossibilidade de contorná-lo, somos tomados pela desagradável sensação de permanecermos, ou a um passo da realidade – haja vista a velocidade com que ela se move, ou provavelmente perdidos em meio à vertigem de seu intenso nomadismo – e isso quando julgamos conseguir, bem ou mal, acompanhá-la, instalando-nos na duração que lhe é própria.

Todavia, essa é somente uma face do problema. Nosso desassossego torna-se maior ainda, pelo fato de começarmos a viver em uma era na qual a irrupção do virtual, como uma das duas dimensões que perfazem a realidade – sua parte inatual, extemporânea – parece atropelar e deslocar a segunda dessas dimensões, o atual, instaurando uma outra e estranha espécie de vida entre nós, engendrando um espaço e um tempo estranhos, paralelos aos territórios existenciais e sociais que, a duras custas, constituímos e definimos de antemão como nossos e para nós mesmos. Encarnando como que a face inatual ou intempestiva de nossa atualidade, o virtual constitui-se como portador do inaudito, da diferença, do imprevisível, de novos possíveis. E isso, tanto para o melhor, quanto para o pior. Nessa condição, ele provoca em nós um efeito de estranheza, insegurança e estupor. Assim, ele não só nos desloca no presente em que vivemos como também desloca as questões com as quais nos defrontamos e os modos de posicioná-las em face dos novos problemas que nos desafiam. Num texto recente, Laymert Garcia dos Santos toca no âmago dessa questão:

> O deslocamento do atual para o virtual é fruto da extrema tecnologização da sociedade e da intensa digitalização de todos os setores e ramos da atividade. A "nova economia", economia do universo da informação, parece considerar tudo o que existe na natureza e na cultura – inclusive na cultura moderna – como matéria-prima sem valor intrínseco, passível de valorização apenas através da reprogramação e da recombinação. É como se a evolução natural tivesse chegado a seu estado terminal e a história tivesse sido "zerada", e se tratasse, agora, de reconstruir o mundo através da capitalização do virtual.

Frederic Jameson já havia observado, em *Postmodernism, or cultural logic of late capitalism*, que o capitalismo estava penetrando no inconsciente e na natureza e colonizando-os; mas agora, ele parece investir sobre toda criação, inclusive a criação de vida; assim, a nova economia buscaria assenhorear-se não apenas da dimensão da realidade virtual, do ciberespaço, mas também e principalmente, da dimensão virtual da realidade. (Santos, 2003, p. 129)

O que tudo isso tem a ver com os destinos da educação e dos processos de subjetivação em nossa contemporaneidade, ou seja, com os modos através dos quais somos induzidos a pensar, a sentir e a agir, ao sermos educados ou formados no Capitalismo Mundial Integrado (CMI)?[1] Em primeiro lugar, eu diria que a formação e a educação dos indivíduos, atualmente, não estão imunes a essa hiperaceleração e virtualização crescente de nossas sociedades e de nossa realidade. Ao contrário, esses processos as afetam de forma significativa e, provavelmente, de forma irreversível. Em segundo lugar, eu diria que tanto isso é verdade, que as práticas e as teorizações educacionais ditas críticas, encontram-se atualmente entre perdidas e confusas em face dessas transformações por que temos passado. Em terceiro lugar, acredito que parte considerável dessa desorientação e dessa perplexidade que atingem os domínios práticos e teóricos da educação se deve ao fato desta insistir, no mais das vezes, em lidar com uma imagem de pensamento, a dialética, incapaz, apesar de todo seu otimismo e de todo seu humanismo, de dar conta das complexas e multifacetadas relações entre o virtual e o atual. Isso requereria de sua parte uma disponibilidade para tratar de forma afirmativa e inventiva o movimento, a diferença, o devir, os acontecimentos, a complexidade, as multiplicidades e, ainda, o caráter trágico que criva inexoravelmente nossas existências.

---

[1] "O capitalismo contemporâneo é mundial e integrado porque potencialmente colonizou o conjunto do planeta, porque atualmente vive em simbiose com países que historicamente pareciam ter escapado dele (os países do bloco soviético, a China) e porque tende a fazer com que nenhuma atividade humana, nenhum setor de produção fique fora do seu controle". (Guattari, Félix. (1985) *Revolução molecular*: pulsações políticas do desejo. São Paulo: Brasiliense, 2ª ed., p. 211)

Em suma, penso que a educação não sabe muito bem o que fazer com o movimento, com o novo, com o imprevisível e o imponderável, com as diferenças e multiplicidades virtuais que irrompem em nossa atualidade, em nosso tempo presente, nos fazendo problema e lançando-nos em devires outros. Por quê? Em primeiro lugar, pelo fato de só se encontrar apta a captar, em nossa atualidade, e com dificuldades cada vez mais evidentes, apenas o que já se encontra em maior ou menor medida representado, instituído, normalizado, territorializado, enfim, atualizado numa estratificação qualquer. Em segundo lugar, pelo fato de estar acostumada a pensar a realidade a partir de categorias negativas, de contradições, de disjunções exclusivas, do tipo "ou isso, ou aquilo". Em decorrência, a educação insiste, inutilmente, em perseverar a si mesma no reconhecimento do antigo, na recognição do idêntico e na realização de alternativas dadas de antemão, acreditando com isso estar realizando o possível. Assim, ela não só não consegue entender o virtual, como se fecha ao exercício da invenção, à prática da experimentação e, portanto, à abertura (pela invenção) de novos possíveis. A educação, como o neurótico de Freud, parece sofrer de reminiscências, tendendo muito mais à positivação e manutenção da ordem, do que à acolhida e gestão de diferenças intensivas. Infelizmente, em vez de tomar a desordem como dimensão do real que pode potencialmente gerar novos horizontes ou novas possibilidades de ensino, de aprendizagem e de vida, uma vez enrijecida e presa a uma série de vícios dialéticos, humanistas e moralistas, inclina-se a ver essa dimensão caótica da realidade como algo que deve nos levar necessariamente à desagregação e/ou à destruição. Por outro lado, tais características tendem a ser inflacionadas sempre que a educação se vê ameaçada em sua integridade e em suas territorialidades, por quaisquer forças ou tendências que lhe sejam exteriores, novas e estranhas, o que caracteriza uma posição eminentemente moralista e defensiva em face do real.

Mas, para que vocês não fiquem com a impressão de que estou a falar de fantasmagorias, de coisas abstratas e sem conexões com o presente, com a educação, a política e a vida que efetivamente temos e vivemos, tentarei ancorar e contextualizar tais considerações, utilizando-me das formulações de Gilles Deleuze acerca das *sociedades de controle*.

* * *

Desde a publicação de *O Anti-Édipo* (1976), e passando por *Mil Platôs*[2], atentos às mutações recentes do capitalismo e das sociedades ocidentais, Deleuze e Guattari procuraram produzir um sentido possível para as nossas novas condições de existência. Em suas diversas análises, consideraram as relações transversais entre a produção, o desejo, a cultura, a sociedade, a política, os processos de subjetivação, e desses com as inovações biotecnológicas, tecnoinformacionais e telecomunicativas. A atenção a toda essa pluralidade de fatores e a seu entrecruzamento revela-se crucial a esses autores, no sentido de lhes possibilitar cartografar as virtuais forças que irrompem e se digladiam em nossa atualidade, e assim, poderem estimar potenciais estratégias de dominação e de resistência. Os novos funcionamentos mobilizados pelo CMI levaram Deleuze, num texto visionário[3], a pensar que talvez já estejamos em vias de sair de sociedades disciplinares, como as estudadas por Michel Foucault, para ingressar, agora, em *sociedades de controle*. Uma primeira sinalização para isso, segundo Deleuze, está no fato de os "meios de confinamento" desde já há algum tempo virem atravessando uma crise generalizada, caminhando inapelavelmente para o esgotamento. Deleuze não se refere apenas a meios como penitenciárias e manicômios; inclui entre eles também a fábrica, a família e, inclusive, a escola. As sucessivas reformas a que vêm sendo submetidos tais meios de confinamento seriam sintomáticas de sua falência.

---

[2] Diferentemente da edição francesa (1980, Les Éditions de Minuit, Paris), a edição brasileira dessa obra se deu em cinco volumes, publicados entre 1995 e 1997, pela Ed. 34.

[3] Deleuze, Gilles. *Post-scriptum* sobre as sociedades de controle. In: Deleuze, Gilles. (1992). *Conversações*. Rio de Janeiro: Ed. 34, pp. 219 a 226.

Aludindo aos trabalhos de Paul Virilio, Deleuze nos dá a entender que, nesse novo regime em que estamos em vias de entrar, ou que recém-entramos, lidamos cada vez mais com "formas ultrarrápidas de controle ao ar livre, que substituem as antigas disciplinas que operavam na duração de um sistema fechado". (Deleuze, 1992, p. 220) Comparando os típicos meios de encerramento das sociedades disciplinares e os novos e inefáveis meios de controle das atuais sociedades, Deleuze tenta apreender e antecipar a nova lógica de dominação destas. Se nos diferentes aparelhos disciplinares a linguagem comum era a analógica e o indivíduo sempre recomeçava do zero, conforme passasse de um aparelho a outro, nas sociedades atuais, os modos de controle (*controlatos*) "são variáveis inseparáveis, formando um sistema de geometria variável cuja linguagem é numérica (o que não quer dizer necessariamente binária)". (Id. Ibid., p. 221) Assim, se as disciplinas funcionavam como "moldes", os *controlatos* funcionam como "modulação".

> A fábrica constituía os indivíduos em um só corpo, para a dupla vantagem do patronato que vigiava cada elemento na massa, e dos sindicatos que mobilizavam uma massa de resistência; mas a empresa introduz o tempo todo uma rivalidade inexpiável como sã emulação, excelente motivação que contrapõe os indivíduos entre si e atravessa cada um, dividindo-o em si mesmo. O princípio modulador do salário "por mérito" tenta a própria Educação nacional: com efeito, assim como a empresa substitui a fábrica, a formação permanente tende a substituir a escola, e o controle contínuo substitui o exame. Este é o meio mais garantido de entregar a escola à empresa. (Id. Ibid., p. 221)

Aqueles que são professores em universidades federais, no Brasil, podem tomar esse princípio modulador como ferramenta valiosa para analisar as motivações da introdução da famigerada GED[4] nessas

---

4 "Gratificação de Estímulo à Docência" (GED), instituída pela Lei 9.678 de 03/07/98, Decreto Nº 2.668 de 13/07/98, voltada ao magistério superior (ocupantes dos cargos efetivos de Professor do 3°

instituições. Na sociedade disciplinar, prossegue Deleuze, o indivíduo era ao mesmo tempo individuado e massificado; daí porque sua assinatura (que o particularizava) era correlativa ao seu número de matrícula (que indicava sua posição na massa). Diferentemente, nas sociedades de controle utiliza-se apenas uma cifra (senha); é ela que facultará ou não ao indivíduo o acesso ao que quer que seja: "Não se está mais diante do par massa-indivíduo. Os indivíduos tornaram-se 'dividuais', divisíveis, e as massas tornaram-se amostras, dados, mercados ou 'bancos'". (Deleuze, 1992, p. 222) Ainda segundo Deleuze, o modelo do indivíduo cidadão vai, aos poucos, dando lugar ao modelo do indivíduo consumidor, só que um consumidor permanentemente endividado. Se o indivíduo não dispuser de uma senha, passa a engrossar as fileiras dos excluídos da nova geração, ou seja, daqueles que não podem acessar a rede, se movimentar, se conectar. No livro *A era do acesso*, por exemplo, Jeremy Rifkin (2001) assinala que passamos a viver em sociedades nas quais o capital funciona transformando relações humanas em *commodities*, comercializando tudo o que envolve nosso cotidiano e nossos desejos e laços de sociabilidade, em qualquer hora e em qualquer lugar. Esse processo de captura é maximizado à medida que indivíduos e coletividades se encontram em condições de acessar ou de serem acessados pela máquina abstrata do capital. Vejamos como o próprio Rifkin descreve esse processo:

> A Era do Acesso é definida, acima de tudo, pela crescente transformação em *commodity* de toda a experiência humana. Redes comerciais de todos os tipos e formas navegam pela Web em torno da totalidade da vida humana, reduzindo todo o momento de experiência vivida em status. Na era do capitalismo, caracterizada pela propriedade, a ênfase

---

Grau, lotados e em exercício nas instituições federais de ensino superior, vinculadas ao Ministério da Educação e do Desporto – MEC). Trata-se justamente, como afirma Deleuze, de um princípio modulador do salário "por mérito", sendo este avaliado de acordo com um sistema de pontuação que supostamente atestaria a "eficácia" e "eficiência" da produção dos docentes, mas que na verdade terminava por submeter o exercício do pensamento e a produção de conhecimentos científicos a critérios de avaliação muito mais próximos da realidade das grandes empresas e/ou corporações privadas.

era vender bens e serviços. Na economia ciberespacial, a transformação de bens e serviços em *commodities* torna-se secundária à transformação das relações humanas. Manter a atenção de vendedores e clientes na nova economia de rede em ritmo acelerado, em mudança constante, significa controlar o máximo de tempo possível. Ao passar das transações distintas de mercado que são realizadas dentro de limites no tempo e no espaço para a transformação de relações em *commodity* que se estendem infinitamente pelo tempo, a nova esfera comercial assegura que uma parte cada vez maior da vida diária passa a ser refém dos resultados financeiros. (Rifkin, 2001, p.79-80)

É assim que o consumidor, ele próprio, passa a encarnar o que chamamos de mercado. Para produzi-lo enquanto tal, e para mantê-lo dócil, regulado, monitorado e útil, toda uma maquinaria passa a investir sua vida. Podemos vê-la em ação, por exemplo, no filme *As confissões de Schimidt*, protagonizado por Jack Nicholson. Nesta película, o ator interpreta um personagem que trabalhou durante toda a sua vida no ramo de seguros. A lógica de funcionamento de um setor como este, assim como de outros também ligados à prestação de serviços e ao consumo, é descrita por Laymert Garcia dos Santos (2003) nos seguintes termos:

Tendo em vista a nova perspectiva que se abria, os economistas e marketeiros começaram a calcular a existência do consumidor, concebendo-a em termos de experiências de vida traduzíveis em potenciais experiências de consumo. É o que denominam de "valor do tempo de vida", uma medida teórica de quanto vale um ser humano se cada momento de sua vida for transformado em mercadoria de uma ou outra maneira. Visando calcular o valor de tempo de vida de um consumidor, projeta-se então o valor presente de todas as futuras compras contra os custos de marketing e de atendimento investidos para criar e manter uma relação duradoura (...) Otimizar o potencial valor do tempo de vida de um consumidor passa então a ser a prioridade máxima. Ora, é aqui que a informação torna-se uma arma fundamental. (Santos, Op. cit., p. 143)

Ora, a informação torna-se fundamental porque sem ela não há como fazer tais cálculos nem proceder a essas estimativas. Nesses termos, praticamente tudo o que diz respeito à vida de cada indivíduo deve ser objeto de uma acurada atenção por parte das grandes empresas e corporações. É por isso que, hoje mais do que nunca, somos tão incessantemente fustigados por pesquisas de opinião e levantamentos sobre nossos estilos de vida, somos tão solicitados a preencher formulários os mais diversos e instados a fornecer dados detalhados acerca de nossas preferências no que diz respeito à saúde, ao lazer, à moda, cultura, sexo, educação, dentre outros. Então, eu pergunto a vocês: essa era do acesso não coincide com a instituição de sociedades de controle, de um controle sutil e detalhado da vida de cada um e de todos? Não vemos, aqui, o exercício maximizado do que Foucault (1993, 1999) chamou de *biopoder*, um poder, que agora, efetivamente se exerce sobre toda a vida, tanto dos "excluídos" como dos "incluídos"?

Por outro lado, continua Deleuze, se antes o capitalismo se caracterizava por ser de concentração, para a produção, e de propriedade; o novo (mundializado), por seu turno, é um capitalismo de "sobre--produção": "Não compra mais matéria-prima e já não vende produtos acabados: compra produtos acabados, ou monta peças destacadas. O que ele quer vender são serviços, e o que quer comprar são ações". (Deleuze, 1992, p. 223) Ao passo que as sociedades disciplinares operavam com máquinas energéticas, as sociedades de controle operam com máquinas informacionais e computadorizadas. Se nas primeiras o perigo passivo residia na entropia e o ativo na sabotagem; nas segundas, afirma Deleuze, o perigo passivo está na interferência e, o ativo, na pirataria e na introdução do vírus. A que outras características dessas novas sociedades podem-se aludir, complementando as já apontadas por Deleuze?

No entender de Castells (1996), passamos a viver numa *sociedade de informação*; para compreendê-la, faz-se mister entender também a inovação tecnológica que acompanha o desenvolvimento dos microcomputadores e a recombinação do DNA, isto é, a "decodificação da reprogramação individual dos códigos de informação da matéria viva". Nessa sociedade, para além da inovação contínua de produtos, a ênfase recai sobre os processos, ao passo que sua matéria-prima fundamental não é mais a energia, mas sim a informação. Além disso, conforme Castells, não há como falar de processos e de informação, sem remetê-los às noções de redes e fluxos, noções estas também já adiantadas por Deleuze e Guattari nos dois tomos de *Capitalismo e esquizofrenia*: *O Anti-Édipo (1976)* e *Mil platôs (1995)*. No limite, é a própria ideia de mercado, e agora mais do que nunca, a ideia de um mercado globalizado, que deve ser entendida como perfazendo uma complexa e multifacetada rede de fluxos e processos, operando em tempo real em todo o mundo, rede esta variável, flexível e com enorme capacidade de autorregulação e adaptação. Conquanto essa rede venha assumindo novas feições e novos funcionamentos, isso não significa, em absoluto, que as estratégias e os mecanismos típicos das sociedades disciplinares e das sociedades de regulamentação, especialmente os primeiros, tenham desaparecido por completo. Na realidade, eles passaram a co-habitar em nosso presente com os novos *controlatos* do Império (Negri & Hardt, 2001), e, uma vez agenciados a estes, dão ensejo a novas formas híbridas de regulação, serialização e assujeitamento. Em última instância, o biopoder que emerge com e através da modernidade ganha uma potência sem precedentes nas sociedades de controle. É nestas, com efeito, que podemos observar a profundidade e extensão de sua atuação reguladora.

Por outro lado, como assinalam Antonio Negri e Michael Hardt (2001), não é a própria vida, fazendo-se pulsar através de forças e fluxos descodificados e desterritorializados, ou de agregados intensivos, nômades, contingentes, incomensuráveis e imponderáveis, que funciona do mesmo modo? Não é toda uma *biopotência da multidão* que também funciona sob esse regime de redes de fluxos e processos, só que, em meu entender, de forma mais rica, heteróclita e polifônica, grávida de virtualidades passíveis de serem agenciadas a partir de outros princípios e de outras maneiras, que não aqueles que regem as leis de mercado? E não é justamente por esses motivos que a vida, assim entendida, escapa, foge e pode corporificar, dependendo de como são agenciadas suas potências, novas formas de resistência aos *controlatos* e mecanismos de dominação? Eis uma questão, ética e política, de crucial importância: se a vida tem primazia ontológica, em face do poder, como podemos tirar proveito disso? Apesar das dificuldades que essa questão evoca, acredito que devemos tentar enfrentá-las, dentre outros modos, buscando cartografar algumas tendências que vêm se desenhando no cenário de nossa contemporaneidade.

Sendo assim, quais as novas condições de possibilidade da educação nas sociedades de controle? Tanto a exploração como as desigualdades sociais, ao que parece, tendem a ser maximizadas por efeito do processo de globalização, alargando o fosso já existente entre os poucos ditos incluídos e os ditos excluídos, ou seja, a maior parte da população do planeta. Essa maximização poderá atingir limites preocupantes, a julgar por dados que vem sendo coletados e projetados ultimamente (Schwartzman, 2004). Isso pode ser parcialmente explicado não só pela emergência de novas modalidades de exclusão, mas também pela redefinição das próprias condições de existência no capitalismo globalizado e numa economia cada vez mais desmaterializada ou digitalizada. Em linhas gerais, trata-se do seguinte: na nova ordem econômica e social, como vimos anteriormente, um indivíduo (mas também uma coletividade, uma região, uma nação) só existe e só interessa ao sistema, na medida em que possa acessá-lo (em suas redes, serviços, informações, fluxos e processos) e/ou na medida em que seja por ele acessado. Como afirma Castells, estar "desconectado da rede é equivalente a não existir na economia global" (Castells, 1996, p.22); aquele que "não existe" para essa economia, torna-se, portanto, irrelevante para ela. Não estamos nos reportando, ainda, ou necessariamente, à internet. Pensem esse acesso como podendo se dar em relação aos mais variados níveis ou dimensões da realidade social, pois as conexões, quando possíveis, são seletivas, dependendo da posição em que nela se está. Mas pensem-no, também, como envolvendo as mais diversas facetas de nossa existência, tais como as possibilidades de garantir nosso sustento, de nos locomovermos, de entreter relações de sociabilidade, desfrutar de experiências diferentes, sentir e pensar etc. Nessa perspectiva, vemos tomar corpo um processo de exploração, marginalização e exclusão de caráter estrutural:

> Como a produtividade e a competitividade baseiam-se cada vez menos nos recursos primários, e cada vez mais no conhecimento e na informação, o trabalho não qualificado e as matérias-primas deixam de ser estratégicos na nova economia. Nossos estudos mostram o aumento da irrelevância para a economia informacional global de grandes áreas do mundo. A exploração do trabalho ou dos recursos naturais chega a ser demasiado custosa para os benefícios atuais obtidos através dela. Como a economia se desenvolve para os valores agregados mais elevados – a informação baseada em produtos –, a acumulação de capital aumenta os benefícios para o centro e não em direção à periferia: as teorias econômicas sobre o Imperialismo são agora obsoletas. Na nova economia, os mercados, o trabalho especializado, o capital e a tecnologia estão se concentrando cada vez mais nos países da OCDE (Organização para a Cooperação Econômica e Desenvolvimento), com a soma de algumas novas economias industrializadas e da China como um superpoder econômico em potencial. Além disso, a incorporação da Europa do Leste e da Rússia no sistema central fornecerá os mercados e os recursos naturais requeridos (trazidos da Sibéria) para que o sistema prospere por muito tempo. A consequência é que muitos países e/ou muitas de suas regiões estão sendo marginalizadas pela expansão da economia informacional global. Sociedades nacionais, locais e regionais estão mudando de uma posição de exploração dependente à irrelevância estrutural na nova economia. (Castells, 1996, p. 22 – grifos meus).

Aos efeitos desastrosos desse processo, irão agenciar-se os perversos efeitos de um *apartheid* digital. Por baixo, segundo aponta

Silveira (2001), todos aqueles que não possuem um computador, uma linha telefônica, bem como um provedor de acesso à internet, serão colocados à margem de um mundo ilimitado de informações e conhecimentos, de novas formas de comunicação, de novas modalidades de sociabilidade, da velocidade necessária para efetuar o processamento de um sem número de dados e afazeres, da possibilidade de interação com novos temas e interesses, enfim, de locomover-se mesmo no plano virtual que caracteriza a nova realidade. Isso significa uma nova forma de analfabetismo, que leva os indivíduos ao alheamento e à impossibilidade de compartilhar do que Pierre Lévy (1999) denomina de Inteligência Coletiva.

> Além de ser um veto cognitivo e um rompimento com a mais liberal das ideias de igualdade formal e de direito de oportunidade, a exclusão digital impede que se reduza a exclusão social, uma vez que as principais atividades econômicas, governamentais e boa parte da produção cultural da sociedade vão migrando para a rede, sendo praticadas e divulgadas por meio da comunicação informacional. Estar fora da rede é ficar fora dos principais fluxos de informação. Desconhecer seus procedimentos básicos é amargar a nova ignorância. (Silveira, 2001, p. 18)

Ora, para que se tenha a dimensão do quanto esse problema é sério, e para que vislumbremos sua magnitude, pensem nos seguintes dados, todos relativos à virada do milênio: a) até mais ou menos cinco anos atrás, aproximadamente 65% da população do planeta jamais havia dado um simples telefonema; b) a ilha de *Manhattan*, em New York, possuía mais conexões telefônicas do que todo o continente africano; c) cerca de 40% da população mundial ainda não tinha sequer serviço de energia elétrica.

Talvez já não possamos mais falar de educação de forma unívoca, homogênea e universal, tal como a modernidade o fazia. Numa direção intimamente ligada à problemática acima mencionada, parece desenhar-se uma tendência na qual e mediante a qual a educação pública será progressivamente desinvestida como prioridade pelos Estados-Nações, haja vista que ela está cada vez mais associada a um enorme contingente de indivíduos e coletividades tornados "indiferentes" ao sistema, por ação desse mesmo sistema. Com efeito, por mais que se fale na posição estratégica que a educação deve ocupar nas novas sociedades de conhecimento, por mais que se fale que ela constitui um direito básico e universal dos cidadãos, temos, na realidade, assistido ao seu desmantelamento, à diminuição de seus recursos, à submissão de seus valores àqueles das grandes empresas, a proletarização e culpabilização da atividade docente, ao empobrecimento de sua qualidade, e a processos de exclusão, marginalização e segregação perpetrados pelas escolas.[5] Creio que essa é uma tendência que deverá ter forte impacto junto às populações pobres, intensificando sensivelmente condições que podem nos levar a um estado de barbárie social num futuro, talvez mais próximo do que imaginamos.

Se deslocarmos o olhar para outra direção, parecem tomar corpo, paralelamente, tendências consideravelmente distintas das mencionadas logo acima. Aos que, bem ou mal, estão em condições de acessar o sistema, a educação assume cada vez mais a forma de uma prestação de serviços, de uma mercadoria, comercializada como outra qualquer, inclusive sob o sistema de franquias. Porém agora, em primeiro lugar, ela já não incide, como antes, apenas sobre os vinte e poucos anos iniciais da vida dos indivíduos, mas estende-se por toda a sua duração: é o que se vem chamando de educação permanente. Já não se pode descuidar de fazer investimentos na educação e/ou no "cuidado de si", sejam eles profissionais, emocio-

---

[5] Sem que levemos em conta os fiascos experimentados no século passado, atenhamo-nos aqui tão somente às perspectivas, contraditórias, paradoxais, esboçadas num estudo recente - promovido pelo Escritório Regional da UNESCO (Orealc/UNESCO) - voltado às condições de possibilidade da Educação na América Latina nos quinze primeiros anos desse milênio. De um lado, "a educação continuará a ter um importante papel em termos culturais e pessoais, assim como de equidade e justiça social; além disso, há um grande consenso em que, com as mudanças mais recentes na economia mundial, a educação se tornou um instrumento fundamental para garantir a viabilidade econômica dos países; ao mesmo tempo, existem sinais inquietantes de que a integração econômica e cultural estimulada pela globalização está tendo um efeito negativo sobre a maioria dos países da região, aumentando as desigualdades e a exclusão social, e reduzindo a capacidade dos governos de investirem em políticas sociais, especialmente em educação". (Schwartzman, Op. cit., p.13 – grifos meus).

nais ou sociais. Em contrapartida, a oferta de serviços educacionais e/ou pedagógicos deixa de ser pontual, descontínua, e passa a ser trabalhada na perspectiva da construção de uma relação duradoura com o consumidor, acompanhando-o ao longo das diversas etapas de seu desenvolvimento, ou seja, desde o fornecimento de chocalho pedagógico ao bebê até, quando este se torna um adulto, o financiamento de uma pós-graduação no exterior. Tudo se passa como se estivéssemos fadados, sob a ameaça de nos tornarmos obsoletos, fracassados ou indiferentes ao sistema, a consumir serviços educacionais ininterruptamente. Tudo, em nossa vida, doravante, torna-se passível de algum tipo de investimento educacional: alimentação, vestuário, cuidados com o corpo e a saúde, gestão do lar e da vida conjugal, carreira profissional, amizades, lazer e entretenimento etc. E aqui vale a pena assinalar o movimento que vem imbricando, de forma cada vez mais acentuada, do pedagógico (ou educativo) ao terapêutico, nos domínios dessa prestação de serviços educacionais. Como salienta Jorge Larossa (1994), a educação (ou a reeducação) vem sendo entendida e praticada como se guardasse uma "similitude estrutural" com as práticas e os saberes terapêuticos, e vice-versa.

Em segundo lugar, ampliam-se os espaços desses investimentos e consumos, não mais se restringindo apenas aos tradicionais limites das escolas. Vivemos numa sociedade em que os meios de comunicação, o marketing, a publicidade, a internet, as mais diversas organizações comerciais, particularmente os grandes conglomerados empresariais e financeiros, investem, em qualquer hora e lugar, na prestação de serviços educacionais. A geração de tantas inovações, em tão pouco tempo, tem como consequência a impossibilidade de o sistema educacional formal vir a administrar a massa de informações circulantes, ocasionando o que Gilberto Dimenstein designa por "escolarização da sociedade". Em seu modo de entender, a escola eficiente...

> (...) será aquela que, além de trabalhar o máximo possível com a experimentação e trazer o currículo para o cotidiano, terá de tirar

proveito do que chamo de escolarização da sociedade. Ou seja, fará parcerias permanentes, formando percursos educativos integrados ao currículo, para que parte das aulas seja dada nos museus, nos teatros, nos hospitais, nas empresas, nos laboratórios, nos centros de pesquisa, nas praças públicas, nos concertos, nas exposições. Sem contar, o que é óbvio, que boa parte do conteúdo informativo já estará à disposição na internet. (Dimenstein, *Folha de S. Paulo/ Mais* 07/12/2003)

Preferiria dizer, por um lado, que o caráter pedagógico do processo ensino-aprendizagem se desterritorializa da escola, para depois ser reterritorializado nos mais diversos espaços organizacionais/ sociais, das mais diferentes formas, informando os processos administrativos; mas por outro, inversamente, que são os novos valores e tecnologias de gestão das subjetividades, alimentados por esses mesmos setores empresariais, pela ação de seus administradores, que passam também a impregnar cada vez mais os conteúdos, as práticas e os processos de ensino e aprendizagem, atravessando o funcionamento das escolas particulares e públicas. Em suma, num só e mesmo movimento, que se diz do aumento do grau de complexidade das novas relações sociais, o "pedagógico" assume uma feição administrativa e a administração é cada vez mais psicopedagogizada. Esses dois vetores, indissociáveis entre si, funcionam de modo a garantir, como nos alertava Félix Guattari (1985), o processo de encodificação ou de homogeneização de competências semióticas, crucial à tradutibilização dos desejos dos indivíduos em relação aos novos códigos sociais do poder, agenciando-os a partir de qualquer coordenada da rede econômica global. Causa impressão, nesse sentido, a forma ostensiva com que o mercado vem impregnando a mente de pais, professores e administradores educacionais com novas demandas, praticamente chantageando-os, no sentido de respondê-las de forma estereotipada, através do consumo de serviços educacionais. Assim, para que seus filhos e alunos sejam "alguém na vida", tenham sucesso ou coisas do tipo, fazem-se necessários: o domínio de pelo menos duas línguas estrangeiras (sendo o inglês, obrigatoriamente, uma delas); a desenvoltura no trato com as novas tecnologias da inteligência; o cultivo de qualidades, tais como a iniciativa, a versatilidade, o pragmatismo, o senso empreendedor, a operacionalidade (misto de eficácia e eficiência), a otimização de sua sociabilidade (principalmente no trabalho – caso da "inteligência emocional"); a sensibilidade às questões sociais (fazendo diferença, no processo seletivo para um novo emprego, por exemplo, ter no currículo alguma atividade voluntária junto aos segmentos carentes da sociedade). Há cerca de nove anos, por exemplo, já não era incomum encontrar em várias escolas particulares adolescentes com apenas quinze anos de idade sendo induzidos a fazer cursos para "jovens empreendedores".

Para Castells (1996), além do acesso a um verdadeiro mar de informações, os profissionais de nova economia eletrônica devem pautar sua formação tanto pela instrumentalização técnica, quanto pelo processamento, focalização e transformação de conteúdos, adequando-os às funções e aos objetivos que lhes são impostos pelo trabalho, numa realidade permanentemente cambiável. Trata-se, doravante, sempre e a cada momento, conforme Castells (1996), de aprender a aprender.

Ora, mas então é a isso que se resume essa educação? Os jovens, a quem ela se destina, estão realmente fadados a tomarem a si mesmos como espécies de "microempresas", teleguiadas, regidas pelos preceitos da reengenharia e da qualidade total, experimentando sua educação e sua formação como se fossem redutíveis a uma sucessão de provas ou ralis de esportes radicais, glamorizados pelo marketing dos grandes colégios e pelos meios de comunicação? Como se seus itinerários e experiências, como aprendizes, se resumissem à instrumentalização numa série de procedimentos voltados à eficácia e à eficiência, temperados aqui e ali, seja pela leitura descompromissada de uma literatura de autoajuda ou pela malhação mecânica e estereotipada em academias? Como se seus deslocamentos estivessem necessariamente restritos ao trânsito compulsivo pelos espaços assépticos e hiperexcitantes dos shopping centers, tornando-se alheios ou mesmo indiferentes à miséria e à besteira generalizada que grassam a seu redor, até se fixarem como profissionais especializados em algum escritório?

Embora não veja com muito otimismo a possibilidade de se extrair daí, desse circuito extremamente saturado e cristalizado, algo que valha à pena ser dito como forma de resistência, penso que não podemos tomar tal estratificação social, educativa e juvenil como comprometida de uma vez por todas. Penso que, se quisermos ver como os jovens resistem a essa educação e a essa formação mercadológica e midiática, devemos, antes, desviar nosso olhar e nossa escuta para os usos inventivos, clandestinos, heterodoxos, marginais e transgressores que eles fazem, não só de boa parte do que lhes é secretado e ofertado pelos mecanismos de dominação imperiais, mas de materiais, instrumentos e intensidades outras, captados e singularmente maquinados na exterioridade de seus inusitados encontros com as coisas e o mundo. Devemos, do mesmo modo, estar atentos aos variados espaços em que eles exercitam cotidianamente essa *bricolage* intempestiva. Ao fazermos isso, contudo, dificilmente veremos o *locus* escolar como sendo um desses meios privilegiados de resistência. As escolas públicas, além de já não servirem como espaços de socialização preservados da violência que impera nos bairros de periferia, parecem esgotadas em sua capacidade de propor ou catalisar e incentivar movimentos instituintes por parte dos alunos. Tais iniciativas encontram maior acolhida e potencialização nas turmas, nos grupelhos, nas festas, em alguns movimentos sociais, ONGs e pequenos centros culturais, quando existentes nos bairros periféricos. Os professores, abandonados à própria sorte, trabalhando sob condições as mais estressantes e com salários que beiram o absurdo, não só podem como vêm se recusando a sustentar a desmedida missão civilizadora – e culpabilizante – que a sociedade e o sistema lhes puseram às costas. Em todo caso, pode-se muito bem considerar a possibilidade de que essa verdadeira dispersão da educação, das formas de ensino, de tipos de aprendizagens e de espaços pedagógicos, dentre outros, venha a liberar novas forças, fluxos e selvagens potências de conexão, a serem agenciados imperceptivelmente como linhas de fuga, por todos aqueles professores e alunos, educadores e psicólogos que, espalhados por aí, e à espreita, *prefeririam não*.

Referências bibliográficas

Castells, Manuel. (1996). Fluxos, redes e identidades: uma teoria crítica da sociedade informacional. In: Castells, Manuel et al. *Novas perspectivas críticas em educação*. Porto Alegre, Artes Médicas.

Deleuze, Gilles. (1992). *Conversações*. Rio de Janeiro: Ed. 34.

Deleuze, Gilles. (1988). *Diferença e repetição*. Rio de Janeiro: Graal.

Deleuze, Gilles & GUATTARI, Félix. (1976). *O Anti-Édipo*: capitalismo e esquizofrenia. Rio de janeiro: Imago, Tomo I.

Deleuze, Gilles & Guattari, Félix. (1992). *O que é a filosofia?* Rio de Janeiro: Ed. 34.

Deleuze, Gilles & Guattari, Félix. (1995). Mil Platôs: capitalismo e esquizofrenia. Rio de Janeiro: Ed. 34, v.1, Tomo II.

Deleuze, Gilles & Guattari, Félix. (1996). *Mil Platôs*: capitalismo e esquizofrenia. Rio de Janeiro: Ed. 34, v.3, Tomo II.

Deleuze, Gilles & Guattari, Félix. (1997). *Mil Platôs*: capitalismo e esquizofrenia. São Paulo: Ed. 34, v.5, Tomo II.

Dimenstein, Gilberto. *Folha de São Paulo/Mais,* São Paulo 07-12-2003.

Foucault, Michel. (1993). *História da sexualidade I*. A vontade de saber. Rio de Janeiro: Graal.

Foucault, Michel. (1999) Aula de 21 de janeiro de 1976. In: Foucault. Michel. *Em defesa da sociedade*. Curso no Collège de France (1975-1976). São Paulo: Martins Fontes.

Guattari, Félix. (1985). *Revolução molecular*: pulsações políticas do desejo. 2ª ed. São Paulo: Brasiliense.

Larrosa, Jorge. (1994). Tecnologias do eu e educação. In: SILVA, Tomáz T. da. (org.). *O sujeito da educação*: estudos foucaultianos. Petrópolis: Vozes.

Lévy, Pierre. (1999). *A inteligência coletiva*: por uma antropologia do ciberespaço. 2ª ed., São Paulo: Loyola.

Negri, Antonio & Hardt, Michael. (2001). *Império*. Rio de Janeiro: Record.

Rifkin, Jeremy. (2001). *A era do acesso*: a transição de mercados convencionais para networks e o nascimento de uma nova economia. São Paulo: Makron Books / Pearson Education do Brasil.

Santos, Laymert G. dos. (2003). *Politizar as novas tecnologias*: o impacto sócio-técnico da informação digital e genética. São Paulo: Ed. 34.

Schwartzman, Simon. (2004). *As causas da pobreza*. Rio de Janeiro: FGV.

Silveira, Sérgio Amadeu da. (2001). *Exclusão digital*: a miséria na era da informação. São Paulo: Fundação Perseu Abramo.

Capítulo II

A formação como acontecimento: solidão, pensamento e autogestão

*Marisa Lopes da Rocha**

"...é o medo, e de modo algum a culpa: medo de que a armadilha se feche sobre ele, medo de um retorno de fluxo, medo que atravessa o vampiro de ser surpreendido em pleno dia de sol, pela religião, pelo alho, pela estaca..."
Gilles Deleuze e Félix Guattari
Kafka. Por uma literatura menor

Neste texto, pretendemos refletir sobre as práticas de formação enquanto paradoxo, efeito do encontro das práticas de assujeitamento uniformizadoras da temporalidade escolar e da irremediável complexidade que lança educadores e educandos na aventura do pensamento, abrindo espaço para outros regimes de tempo. Nesse sentido, a escola, templo da formação em nossa cultura, será entendida como usuária e como usina do conhecimento.

As práticas de formação estão atravessadas por processos administrativos vinculados à organização institucional que investe num saber-repetição, ou seja, num saber padronizado em uma cadência, frequência e circuitos onde o educador é uma figura importante e cuja

---
* Professora e pesquisadora do Programa de Pós-Graduação em Psicologia Social da Universidade do Estado do Rio de Janeiro. marrocha@uerj.br

premissa é a equalização dos educandos. Isso significa que o processo de ensino-aprendizagem traz como expectativa a produção de boas formas pela diminuição de distorções, de possíveis deformações, através da criação permanente de dispositivos compensadores do que pode fazer diferença. Porém, como argumentaremos ao longo do texto, tal processo não tem um caráter simples, controlável ou contornável, uma vez que a complexidade da formação está exatamente nas necessárias e sucessivas deformações, que só se efetivam pela afirmação da diferença. Assim, o que escapa ao controle se constitui em formação, potência de campos de afecção, de territórios de intensidades geradores de movimento a que chamaremos de práticas de formação como acontecimento.

Para construir esse caminho de pensar a formação, buscamos alguns intercessores: Deleuze (1987), que vincula a potência da atividade de ensino ao exercício da solidão, que de forma alguma tem o sentido de isolamento, pois é singularização, expressão única do múltiplo que emerge no campo da ação do sujeito e não de dentro dele, dando materialidade a um ponto de vista; Ulpiano (1993), que, em continuidade à estética *deleuziana*, relaciona aprendizagem à capacidade inventiva, à educação como uma prática do pensamento que está cada vez mais distante das escolas atuais, onde predominam as práticas da inteligência, responsáveis pela resolução de problemas já circunscritos; finalmente, Lourau (1999), que traz a abordagem do movimento institucionalista para refletir a formação e a escola, apontando os modos de funcionamento autogestionários como uma abertura à estética, pois enquanto fuga das ordens estabelecidas e das totalizações bem acabadas, estão implicados com a produção de novas referências para as ações, de outras relações entre os intelectuais e o poder.

Formação: do tédio à solidão produtiva

Ensaio e inspiração são o que Deleuze afirma no *Abecedário* (1996), na *letra P* (70 – 76), como definidores da atividade docente, do que cabe ao professor, não importa com que segmento do ensino isto se realize. Poderíamos pensar em muitas das nossas ações implicadas com a formação, ou seja, supervisões, orientações e pesquisas, em que educandos e educador estão imbuídos de construir um território produtor de conhecimentos. Uma aula para Deleuze precisa ser ensaiada, como um teatro, onde o antes inspira o momento do encontro, ajudando a encontrar o tom: "é como uma porta que não conseguimos atravessar em qualquer posição" (p.72). Para isso é preciso ensaiar, abraçar a matéria com paixão com a perspectiva de criar um tempo-espaço acontecimento, experiência em que as ideias e conceitos sejam dispositivos para cada um, a seu modo, e para todos."Muitas coisas acontecem em uma aula" (p.70), afirma Deleuze.

Formação, como produção de sentido, é movimento com ritmos diversos que tem um percurso individual/coletivo se desdobrando nos sucessivos encontros que se repetem, mas sempre como outros, já que uma semana se diferencia da precedente. Indagado sobre sua recusa em constituir uma escola *deleuziana*, em ter discípulos, Deleuze diz que fazer escola não é algo invejável, já que o investimento acaba na preservação de uma identidade, na organização que canaliza o movimento para formar discípulos fiéis. A ênfase das práticas dos formadores recairia, assim, sobre a dimensão administrativa, através das múltiplas armadilhas institucionais que lubrificam a máquina do mercado, envolvendo reuniões infindáveis, aceleração na produtividade, rivalidades, vaidades, ambições, enfim, uma briga de foice pelo sucesso, pelo reconhecimento. Segundo o filósofo, essa perspectiva de formação "consome muito tempo, nos tornamos administradores" (1996, p.76). Participar de um movimento é diferente, pois implica assumir que não temos garantias de efeitos e nem alunos/testemunhas de nossas trajetórias. É uma luta com o mundo escolar, assim como consigo mesmo, para fazer reverberar ideias, outros manejos do pensamento, a lugares impensados pelo professor/pesquisador/ator. Ainda, em *O Abecedário*, Deleuze (1996) nos evidencia que em um campo de afecção o uso de noções se faz de acordo com as necessidades."Não há uma lei que diga o que diz respeito a alguém. Uma aula é emoção. É tanto emoção quanto inteligência. Sem emoção, não há nada, não há interesse algum. Não é uma questão de entender e ouvir tudo, mas de acordar em tempo de captar o que lhe convém pessoalmente" (p.75). A preponderância do caráter administrativo nas práticas de formação traz como efeito a conversão da produção em mercadoria e em disciplinária utilitarista que corroem o tempo do ensaio, da inspiração, do que faz sentido no trabalho docente.

Assim, uma aula-acontecimento para Deleuze tem dois aspectos importantes: um é o ensino-aprendizado da solidão, o outro é o lançamento-manejo de conceitos que possam dar vida a outros corpos, novas noções, singularizando caminhos. Na sociedade atual, cada vez se torna mais difícil o exercício da solidão produtiva, pois o ritmo acelerado e voraz clama por comunicação. Para Deleuze, esse é o motivo pelo qual os alunos reclamam que se sentem sós sem conseguir usufruir dos benefícios da solidão. "Por isso eles querem escola" (1996, p.76). Solidão não é isolamento, pelo contrário, é afecção, e reconciliar-se com a solidão é a condição de singularização de caminhos e práticas. Desse modo, para Deleuze, uma aula-acontecimento é movimento, é a potencialização de transformações de conceitos pelos usos diferenciados, por encarnações que geram experiências, constituindo novas ideias, novas conexões: "Isso só é possível se eu me dirigir a solitários que vão transformar as noções a seu modo, usá-las de acordo com suas necessidades" (p. 76).

Diferença e indissociabilidade do pensamento e da inteligência

Na perspectiva da estética *deleuziana*, Ulpiano (1993) recupera a relação entre pensamento e inteligência, contribuindo para nossas reflexões sobre a formação como acontecimento.

Ulpiano inicia sua reflexão explicando que o termo faculdade foi muito utilizado a partir do século XVIII por Kant, significando o poder do sujeito humano de conhecer. As faculdades seriam de uso voluntário, ou seja, dependem de nossa vontade fazê-las funcionar e se constituem na memória, na imaginação, na percepção, na sensibilidade e na inteligência. Nessa perspectiva, evidencia Ulpiano (1993) que, sendo o homem dotado de faculdades, ele pode conhecer o mundo que é exterior a ele. "Então, o homem se torna um sujeito do conhecimento e o mundo se torna um objeto a ser conhecido. Nasce a famosa e tradicional relação sujeito/objeto".

É através de Platão, mas principalmente da obra de Deleuze sobre Proust (1987), que Ulpiano continua construindo o caminho para diferenciar pensamento e inteligência, dizendo que nos constituímos como humanos através de uma estrutura, de uma determinada forma que é a psicológica. Cabe à inteligência nessa estrutura a responsabilidade de organizar nossa existência, pela compreensão das significações instituídas, sendo útil na resolução de problemas, trabalhando para nossos interesses. Proust, afirma Ulpiano, nos evidencia que a inteligência é abstrata e voluntária e que sempre funciona nas estruturas lógicas a favor do sujeito humano no campo social. As verdades lógicas, perfeitas, afastam o que é falso, o mal, constituindo-se em aparato rigoroso, para todas as ciências. "O método nasce na filosofia com o objetivo de servir à inteligência para que ela separe o falso do verdadeiro e o mal do bem", diz Ulpiano em suas aulas. Claro está que a inteligência trabalhará para gerar métodos que cumpram seus objetivos de clarificação, de separação, de delimitação das verdades na ordem lógica. Porém, se a inteligência é prudente e organiza o mundo, entendendo as regras estabelecidas, com a função de produzir instrumentos eficazes à sobrevivência do homem, o que seria o pensamento?

Em Platão, Ulpiano resgata que o pensamento é uma faculdade que não estaria funcionando como as demais faculdades, já que só funciona quando forças o colocam em atividade. São as contradições, são os acontecimentos que carregam o que é e não é ao mesmo tempo que geram o pensamento. Assim, é o pensamento que constrói um saber, uma vez que ele vai além da leitura do mundo, da representação mental do que está posto. A questão da tese platônica, afirma Ulpiano, é que "o pensamento é forçado a pensar pela contradição, mas o que ele busca é a identidade.... Ele não é como as outras faculdades. Ele é forçado a pensar e, quando ele pensa, o que ele busca são as essências." O pensamento, então, seria a faculdade das essências.

Para continuar a trabalhar a noção de pensamento, Ulpiano recorre a Proust que, se, por um lado, concorda com Platão que o pensamento é uma faculdade involuntária, por outro, vai afirmar que a essência não é regida pela identidade, mas pela diferença pura. Em Proust e os signos, Deleuze (1987) recoloca a perspectiva de Proust de que as forças que levam o pensamento a pensar são os signos (sempre múltiplos e divergentes, constituem a matéria do mundo), as sensações (perceptos e afectos). "Alguém só se torna marceneiro tornando-se sensível aos signos da madeira..." (1987, p. 4) e, neste sentido, o pensamento só funciona quando forças estranhas o afetam. "Ou seja, a função do pensamento seria produzir, gerar, ser a gênese de outros mundos e não a reprodução daquilo que a estrutura psicológica busca porque a nossa estrutura psicológica, ela se organiza dentro de um campo social, buscando reconhecimento e compreensão das significações do mundo". A obra de arte é uma questão importante para Proust, pois é pela estética que conseguimos nos livrar do aparato psicológico, do humano ligado ao mundo dos objetos, não para atingirmos as essências puras de Platão, mas para dar expansão ao que está atravessado em nós como potência de criação. Pensamento, nesse sentido, é a experiência do próprio ato de pensar, é o mergulho no vazio do tempo, arrancando do caos as forças, os afectos, as sensações que o fazem funcionar. A dobra é um afecto, uma força desse caos que nos afeta, fazendo contração, colocando-nos a pensar, e nada tem a ver com desordem. Afecto não é do humano, pois do humano é o sentimento; afecto fala de um campo de potências, de arte, do inconsciente como produção da vida. Afecto também não é poder, pois poder se exerce e afecto se cria e inventa a vida. Não há relação homem/mundo, nem uma interação a desvendar, mas dobras, forças que singularizam o vazio, o caos. É o pensamento que entra em contato com as forças de criação, sua função é lidar com o caos da arte, da ciência, com a invenção dos conceitos. Deleuze e Guattari chamarão essa potência de inconsciente, diz Ulpiano, maquínica de criação, heterogênese do mundo, da vida, dos sentidos. Assim, o pensamento não seria humano, estaria aquém do psicológico, pois é força, é potência que dá forma, entre outras coisas, à própria estrutura psicológica.

Relacionando tais questões à educação, Ulpiano, estabelece que a sala de aula tem sido classicamente constituída para produzir obediência, para não ser um espaço/tempo de ousadia. "É preciso abandonar a obediência e entrar no campo do entendimento – é o confronto entre a inteligência e o pensamento. Nós temos que fazer alguma força para isso... Então, sem dúvida alguma, a educação é uma prática do pensamento. Mas, infelizmente, nós estamos sob uma educação da prática da inteligência, como tudo mais. Tudo é para a utilidade..." (1993, p.18). O que liga educação à invenção? Ulpiano diria que o artista não está preocupado com a conquista do campo social, com a socialização ou com a comunicação, mas com a quebra dos contornos, com a imprecisão, com a ruptura do humano em nós, enfim, com o que faz pensar.

Como ir além da escola que temos, uma escola prescritiva, burocrática, que valoriza prioritariamente o modelo, a generalidade, a produção de testemunhas pelo exemplo? Em *Conversações* (1990), Deleuze nos evidencia que os dispositivos de poder na sociedade de controle trabalham para uma moldagem permanente, tendo como base o modo de subjetivação individualizante herdado do poder disciplinário que serve como base para a eficácia no contemporâneo. Em função disso, podemos supor que a formação permanente é o que vai preparar o indivíduo para uma eterna recolocação e, por isso, a educação será alvo de um investimento suplementar. "Tentam nos fazer acreditar numa reforma da escola, quando se trata de uma liquidação". (Deleuze, 1990, p. 237)

Autogestão em tempos administrativos

As práticas institucionalistas, inspiradas em seus precursores G. Lapassade, R. Lourau, F. Guattari têm como abordagem político-pedagógica a Análise Institucional, que aponta o projeto autogestionário como limite, com a perspectiva de fazer emergirem as instituições atravessadas no processo.

A autogestão é um conceito essencial para o movimento institucionalista, sendo importante diferenciar as proposições de gestão que nos últimos tempos vêm ocupando a mesa de trabalho das organizações sociais: a perspectiva participativa não se constitui em processo autogestionário. A gestão participativa se caracteriza pela colaboração em uma atividade que já existe em estrutura e finalidade, mas que, efetivamente, é gerida por outro. Nesse sentido, a participação seria uma habilidade dos novos dirigentes para criar interesse e suscitar contribuições e adesão ao empreendimento a partir do sentimento de um papel ativo e espontâneo. O projeto autogestionário busca cortar o cotidiano nos seus rituais através de dispositivos analisadores dos modos de vida naturalizados, em busca da constituição de campos problemáticos. Rodrigues (2004, p.30) evidencia que, para Guattari, "....não basta 'dar a palavra' aos sujeitos envolvidos..., é preciso antes criar condições para um exercício total, leia-se paroxístico, desta enunciação."

Assim, para a produção de territórios autogestionários, não é suficiente a mera proposição de grupos voltados para a execução de tarefas (prática que funciona a favor do gerenciamento eficiente do sistema, já que aplaca tensões impulsionando as atividades), como também não são suficientes as propostas de análise de conjuntura realizadas pelos críticos do sistema. Em geral, no primeiro caso, os grupos são estimulados a agirem numa determinada direção a partir de normativas que são forjadas fora de suas práticas, sem estarem atentos ao modo de funcionamento do processo e o lugar que nele ocupam. No segundo caso, o sentido de autonomia fica restrito à tomada de consciência do processo repressivo e a resistência se vincula à organização da luta contra os dispositivos opressores. O que fica, em ambos os casos, fora das análises são as implicações de cada um e do coletivo com a economia desejante produtora de modos de subjetivação mais próximos ou diversos do que temos. O uso do conceito de implicação vem sendo deturpado pelos gerentes do sistema quando trabalham para a sobreimplicação dos sujeitos no trabalho e simplificado por muitos que lutam contra o sistema quando o vinculam à desalienação sócio-política. Nesse sentido, tanto a perspectiva que qualificamos de "participacionista" como a "militante" fazem preponderar a dimensão administrativa, pois lutando a favor ou contra, a referência ainda é a administração, fragilizando a dimensão do movimento afirmativo de outros possíveis.

O sentido que atribuímos ao conceito de autogestão reafirma a proposição colocada por Baremblitt (1992, p.157), entre outros institucionalistas: "Autogestão: é ao mesmo tempo, o processo e o resultado da organização independente que os coletivos se dão para gerenciar a vida". A perspectiva autogestionária pressupõe, portanto, a criação de um campo capaz de afectar, rompendo com a soberania instituinte da vida cotidiana. Os dispositivos são criados nas formações sociais encarnadas em nós sendo, portanto, histórico--político-desejantes. Implicações/sobreimplicações em análise de forma indissociável. Isto significa que a dimensão molecular de análise possibilita abordar o social por uma perspectiva genealógica, deixando de considerá-lo como uma evidência para tomá-lo como construído por cada um e por todos.

Uma escola que faculte processos de subjetivação diversos do hegemônico, que funciona a serviço do sócio-político instituído, terá que estar atenta às práticas que sustentam a formação burocratizada com a perspectiva de dar visibilidade tanto às recorrências como às descontinuidades. A constituição de territórios de imanência, que possibilite a formação como acontecimento, está no acolhimento às diferenças intensivas. Importante ressaltar que diferença não se constitui nas características das pessoas, mas são efeitos de diferenciação que se produzem a partir de nossos encontros. Uma aula-acontecimento tem mais de desordem, de potência do que de pedagogia da utilidade que reforça os contornos. O que faz sentido para cada um, dando liga a um coletivo, fazendo com que uma aula aconteça para muitos? Passamos, então, do individual ao plano político.

Lourau em *Los intelectuales y el poder*, livro organizado em 1999 pelos companheiros anarquistas da Comunidad Sur de Montevideo, nos coloca que todo modo de funcionamento institucional possui um rastro da violência implicada com as forças que abriram espaço para o seu nascimento, para seu reconhecimento pelas formas sociais existentes em dado momento. Algo que foi novo, que anunciava mudanças e que com o tempo se institucionalizou por práticas de estabilização dos processos. As instituições desenvolvem sem cessar um discurso oficial acerca de si mesmas, moeda corrente para professores, pesquisadores e comunidade envolvida, que dá sustentação a mitos de origens, como as religiões ou doutrinas de Estado. Segundo Lourau (1999, p.62), "...a autogestão, como tendência dificilmente limitável, está mais qualificada de 'fuga ante às responsabilidades'..." de fragmentos da vida cotidiana mais do que de totalidades, pertence mais à estética. Nesse sentido, a autogestão como o que move, o que faz mover gradativamente, vai sendo substituída pela heterogestão institucional, na medida em que as regras vão sendo criadas e vão ganhando autonomia em relação ao exercício ético de avaliação das experiências e a estética da vida, dos valores, das ações. De problematizar passamos a regrar sucessivas produções de normativas, para dar conta de incluir as singularidades na uniformidade. As divergências se acalmam e o cumprimento dos regulamentos vão suprimindo movimentos pelo consenso. Assegurar a sobrevivência, assegurar posições passa a se constituir em palavra de ordem. O insuportável passa a ser o que debilita a hegemonia, garantia de equilíbrio e, quem sabe, de progresso como um futuro demarcado. Desvios do projeto original revolucionário, nem pensar! Isso permite que a administração vá tomando conta de qualquer movimento, justificando as forças de contenção em razão da segurança.

Lourau (1999, p. 49) enfatiza as implicações como um campo de análise de fundamental importância, afirmando que o que está aí certamente não depende só de nós, mas está também atravessado em nossos corpos e atos."Os problemas da autogestão, da transformação das relações sociais, os vivo diariamente, com minha mulher, com meus filhos, com meus vizinhos e amigos, com meus colegas de trabalho, com os estudantes (já que sou professor), com os investigadores-militantes da mesma corrente de pensamento que a minha... ou de minhas relações com a universidade"

De que cerimoniais de controle não abrimos mão? Quais os ritos de passagem que nos abrem passagem? Um livro é ao mesmo tempo dispositivo analítico e mercadoria que contabiliza o sucesso do pesquisador que o publica, dependendo portanto do uso que fazemos. A estética está irremediavelmente implicada com a ética e com a política, pelos seus efeitos entre os homens, pelas configurações e conjunturas que favorece.

Se olharmos para as universidades públicas, para os professores, para os movimentos, vemos que se trata de produção de crises a frio, a congelamento. Que dispositivos analisadores da formação catalisariam intensidades dispersas, fazendo reverberar outras políticas do desejo? Eis um desafio, o de transformar o cotidiano em laboratório social, novas táticas/práticas de formação. Entre os conceitos centrais do movimento institucionalista, reafirmamos a autogestão enquanto uma atitude e não um conjunto de técnicas em uma sala de aula, em uma escola, em um sistema educacional.

Como já sabemos, a tarefa é árdua e não podemos abrir mão de ninguém que se disponha a aventurar-se ao pensamento, a pôr-se a pensar nos modos ardilosos de institucionalização – não saber social, máquina que, de modo ininterrupto, cria aceleração, isolamento, competição, regados a culpa. Os processos de institucionalização enquanto fenômenos recorrentes que se produzem/reproduzem em certas condições não são para serem afirmados, mas analisados, diz Lourau (1999). Ir além e aquém da conjuntura é transversalizar, criar dispositivos analíticos do que dobra, do que inventa, ou seja, do ato que pode fazer de uma aula um acontecimento ou domesticação e, neste último caso, tanto faz se dos gerentes ou dos militantes. É a potência da solidão produtiva de Deleuze, do pensamento-ousadia de Ulpiano, da autogestão anarquista de Lourau como práticas combativas, gênese de experiências que se constitui em um caminho possível para uma outra escola.

Referências bibliográficas

Baremblitt, G. (1992) *Compêndio de análise institucional e outras correntes*: teoria e prática. Rio de Janeiro: Rosa dos Tempos.

Deleuze, G. (1987) *Proust e os signos*. Rio de Janeiro: Forense Universitária.

_____. (1990) *Conversações*. Rio de Janeiro: Ed. 34.

Lourau, R. (1999) *Los intelectuales y el poder*. Montevideo: Nordan--Comunidad.

Rodrigues, H.B.C. (2004). Análise Institucinal francesa e transformação social: o tempo (e contratempo) das intervenções. In *Saúde e Loucura*, n° 8, São Paulo: Hucitec.

Ulpiano, C. *A estética Deleuziana*. Oficina Três Rios, PUC/SP (22 e 24/11/1993).

O Abecedário de Gilles Deleuze (1996) com Claire Parnet e dirigido por Pierre-André Boutang, http://www.plebe.com.br/repositorio/libri/abcg.doc.

Capítulo III

Política e epistemologia: experiência e trajetórias de aprendizagem na formação de professores[1]

Rosimeri de Oliveira Dias[2]
Vanessa Breia[3]

Este texto é tecido nas conversas e nos estranhamentos que se produzem na *interface* entre psicologia e educação por meio da nossa experiência como professoras de psicologia da educação da Faculdade de Formação de Professores da UERJ[4]. A partir de nossa inserção cotidiana vivenciamos a reapresentação de velhas demandas da educação à psicologia, bem como certa repetição da lógica de compreensão e encaminhamento das soluções apresentadas pela psicologia

---

[1] Este trabalho se insere como desdobramento das pesquisas produzidas pela linha de pesquisa *Cognição, novas tecnologias da comunicação e da informação e mudança social* do grupo de pesquisa cadastrado no CNPQ: *Educação, políticas públicas e novas tecnologias* da Faculdade de Formação de Professores da UERJ.

[2] Pedagoga, mestra em educação e doutora em psicologia pela UFRJ; rosimeri.dias@uol.com.br.

[3] Psicóloga, mestra em educação; vanessabreia@gmail.com.

[4] A Faculdade de Formação de Professores da UERJ é a única faculdade de formação de professores no país, com mais de 3000 alunos oriundos de uma grande gama de municípios do estado do Rio de Janeiro. A FFP/UERJ oferece sete cursos de graduação (Pedagogia, Letras - Português-Literatura e Português-Inglês, Geografia, História, Biologia e Matemática), cursos de Especialização (Educação Básica, Estudos Literários, História do Brasil, Língua Portuguesa, Dinâmicas Urbanas e Gestão Penitenciária) e dois cursos de Mestrado (História Social e Educação: Processos Formativos e Desigualdades Sociais). Uma característica singular da Faculdade é que todas as disciplinas do campo da educação atravessam a formação dos alunos ao longo dos quatro anos de graduação.

à educação. É uma constante ouvir dos alunos-educadores perguntas sobre o que fazer e como atuar, sempre referidas a um processo "milagroso" de solução de problemas, apontado enquanto exterioridade à dinâmica institucional. Neste sentido, a leitura e a compreensão dos alunos evidenciam, na maioria das vezes, uma expectativa de intervenção individualizante, voltada para a cura, o equilíbrio, a busca de um comportamento padrão. Reconhecemos que tal demanda é pautada nas próprias referências de um saber prescritivo que a psicologia criou para si, através de modelos de desenvolvimento, de aprendizagem, enfim de referências de comportamentos naturalizados. Diante deste contexto, o nosso desafio tem sido o de superar esta perspectiva junto aos alunos, futuros educadores. Assim, a partir da análise das demandas que nos chegam, passamos a convidar os alunos a investigar os referenciais predominantes na psicologia. Esta realidade nos levou a priorizar a indissociabilidade entre política e epistemologia na construção de nossas experiências e práticas de formação.

Dispomos-nos então, a investigar os possíveis atravessamentos de uma *epistemologia política* (Latour, 2004) na formação de professores. Latour (2004) nos auxilia nesta trajetória quando considera complexo e emergente nos tempos atuais a necessidade de se pensar uma e*pistemologia política* que abranja as implicações da ciência em sua inserção na realidade. Deste modo, pensamos a respeito da articulação entre política e ciência na distribuição explícita da rede de relações de poder. É a partir desta perspectiva que Latour afirma a necessidade de se romper com as correntes que nos amarram ao *Mito da Caverna* de Platão.

Ao analisar o *Mito da Caverna*, Latour (*Op. cit.*) afirma a existência de duas rupturas. A primeira reside no fato de que a vida social, o espaço público, a política e os sentimentos subjetivos são impeditivos para o acesso à verdade. Isto porque é impossível qualquer continuidade entre o mundo dos humanos e o acesso às verdades que não sejam feitas pela mão do homem. A segunda ruptura refere-se ao fato curioso de que o sábio, sendo homem, é o único que pode compreender a verdadeira essência do mundo."A luz da verdade" fechada para todos os homens só é possível de ser vista pelo sábio/cientista.

Considerando-se a imprescindibilidade do aparato técnico que o sábio/cientista precisa para ir de um mundo a outro, não há como pensar na fundação da ciência sem uma clara ruptura entre o que o mundo é e a representação que fazemos dele. Há sempre um meio – recursos técnicos, econômicos, políticos – que se interpõe nesta relação para que os saberes se fundem.

O que garante a utilidade do *Mito da Caverna* hoje é o fato do mesmo organizar a vida pública em duas câmaras: de um lado os ignorantes que se comunicam por ficções projetadas – que poderíamos até denominar representações – e, de outro, um mundo composto de não humanos completamente insensíveis aos nossos conflitos e disputas, ou seja, se pressupõe uma incomunicabilidade e, portanto, a consolidação de "essências" que não se alteram, não são perturbadas. A concepção de construção de conhecimento trazida pelo *Mito* repousa na possibilidade de um número reduzido de seres – sábios/ cientistas – poder circular entre o mundo das representações e o mundo das essências. Desta forma, os sábios/cientistas são aqueles que podem falar sobre o mundo porque escapam das ilusões graças ao conhecimento. Nas palavras de Latour (2004, p.38):

> (...) estes poucos eleitos poderiam ver-se dotados da mais fabulosa capacidade política jamais inventada: fazer falar o mundo mudo, dizer a verdade sem ser discutida, pôr fim aos debates intermináveis por uma forma indiscutível de autoridade, que se limitaria às próprias coisas.

Assim, entendemos que o politizar a ciência é exatamente a possibilidade de evidenciar que a epistemologia sofre a ação de uma *polícia epistemológica* (Latour, 2004).

Em nossa experiência como professoras de futuros professores, observamos o quanto as demandas dos alunos ainda se pautam na crença de que há na psicologia uma luz reveladora para a solução dos problemas do campo da educação. Em contrapartida, uma p*olítica epistemológica* na formação de professores pode vir a suscitar uma análise que privilegie a desconstrução do lugar cristalizado e naturalizado do sábio/cientista enquanto único sujeito legitimado a ter livre trânsito entre os dois mundos, o do saber e o do não saber.

Tomando a articulação entre epistemologia e política como uma ferramenta de trabalho, temos investido em modos de intervenção onde os projetos potentes são os que priorizam as implicações no lugar das explicações. As explicações servem apenas para nos colocar longe das problematizações, para reafirmar a cisão existente entre sujeito/objeto, pesquisador/pesquisado, natureza/cultura, os que sabem/os que não sabem com a perspectiva de produzir um mundo simplificado e ilusões de controle. Entretanto, a escola como potência busca vivenciar, na prática pedagógica, o ato de construir permanentemente uma relação singular estabelecida entre professores/alunos e alunos/mestres[5], a partir das correlações das forças em jogo. É fundamental colocar em xeque as rupturas, como dito anteriormente, que se materializam na formação acadêmica pela cristalização de espaços-tempos que condicionam o lugar dos que sabem dos que não sabem.

Acreditamos que uma e*pistemologia política,* na formação de professores, nos possibilita identificar que na prática escolar desdobram-se relações e tensões que favorecem cartografias produtoras de outras maneiras de habitar o lugar da formação. Maneiras estas com mais intensidade nas articulações, conversas, controvérsias, dando visibilidade a complexidade e a multiplicidade que engendram um singular no coletivo. Ao invés de aprofundar a fratura dicotômica entre social e natural, Latour (O*p. cit.*) resgata o papel dos objetos, da natureza, da ciência, da política, nas discussões sobre questões que normalmente

---

[5] Optamos por utilizar estas expressões como uma maneira de articular polemicamente a condição de permanente incompletude vivenciada tanto por professores quanto por alunos.

são formuladas como alheias a essa classe de elementos, tais como: as relações de poder, as dinâmicas institucionais ou as constituições de um coletivo.

Defendemos que as articulações polêmicas são muito mais interessantes que as afirmações simplistas e lineares porque engendram dobras[6] no cotidiano da formação de professores possibilitando, com isto, a emergência de diferenças como potência de vida. O que queremos dizer, fazendo nossas as palavras de Latour (2004, p. 117), é que "o coletivo significa: tudo, e não dois separados. [..] No lugar de uma ciência dos objetos e de uma política de sujeitos, deveríamos dispor de uma epistemologia política para pensar os coletivos".

Assim, vamos analisar as possibilidades de uma composição em que uma *epistemologia política* possui em si relações com as instituições, as técnicas, os conhecimentos, os procedimentos, os movimentos e as lentidões. Acreditamos que as articulações polêmicas podem vir a produzir um caminho que potencialize uma multiplicidade nas trajetórias de aprendizagem no curso da Formação de Professores. Para tanto, no decorrer deste estudo, vamos tomar como materialidade um projeto desenvolvido por alunos do 5º período do curso de pedagogia da FFP/UERJ[7].

Investimos, então, na singularidade da experiência e das trajetórias de aprendizagem dos professores em formação, no sentido que toma aquilo que é aprendido para cada um dos sujeitos envolvidos. Esta abordagem prioriza o risco inerente à construção de saberes e potencializa, ao mesmo tempo, a ideia de que o conhecimento encarnado permite nos constituirmos enquanto autores, atores do espaço escolar para aquém e além dele.

---

[6] Deleuze (2000) nos auxilia, aqui neste trabalho, com a formulação do conceito de dobra quando ele substitui a lógica do ser pela lógica da conjunção, quando propõe a superação da noção de identidade pela de multiplicidade. A figura da dobra faz referência a processos, relações de movimento e lentidão, capacidades de afetar e ser afetado, definindo modos de subjetivação.

[7] Projeto intitulado: "Memórias de infância, brincadeiras de criança", que culminou com a elaboração de um documentário em vídeo (Zefiro, Barros, Toja, Muniz & Breia, 2005).

Da experiência e das trajetórias de aprendizagem: algumas conversações

A experiência, a possibilidade de que algo nos passe ou nos aconteça ou nos toque, requer um gesto de interrupção, um gesto que é quase impossível nos tempos que correm: requer parar para pensar, para olhar, parar para escutar, pensar mais devagar, olhar mais devagar e escutar mais devagar; parar para sentir, sentir mais devagar, demorar-se nos detalhes, suspender a opinião, suspender o juízo, suspender a vontade, suspender o automatismo da ação, cultivar a atenção e a delicadeza, abrir os olhos e os ouvidos, falar sobre o que nos acontece, aprender a lentidão, escutar os outros, cultivar a arte do encontro, calar muito, ter paciência e dar-se tempo e espaço (Larrosa, 2004, p. 160)

O conceito de experiência funciona, aqui, como um dispositivo que nos auxilia a compreender as trajetórias de aprendizagem dos alunos em formação na FFP/UERJ. Benjamin (1996) já pontuou, no texto *Experiência e pobreza,* a fragilidade de experiências que caracterizam o nosso mundo. Nunca vivenciamos tantas situações, mas a experiência é cada vez mais rara. Larrosa (*Op. cit*) trabalha quatro questões que afirmam a pobreza da experiência na contemporaneidade. Em primeiro lugar o excesso de informação que é veiculado no mundo em que vivemos. Num segundo momento, pelo volume de opiniões produzidas. Outra questão é a escassez de tempo para os encontros, para os estudos, para as formulações de conceitos. Por fim, a experiência é cada vez mais rara por causa do excesso de trabalho. Confundir experiência com o trabalho burocratizado na formação acadêmica significa, em certa medida, converter a experiência em créditos, em mercadoria, em valor de troca. O que propomos aqui é uma articulação polêmica que produz o trabalho como acontecimento[8].

---

[8] O trabalho como acontecimento reinventa este conceito não como ato de um sujeito individual, mas como enunciação coletiva, criação feita de interseções, de cruzamentos, de capturas de ideias,

Minha tese não é somente que a experiência não tem nada a ver com o trabalho, senão mais ainda, que o trabalho, essa modalidade de relação com as pessoas, com as palavras e com as coisas que chamamos trabalho, é também inimiga mortal da experiência (Larrosa, op. cit., p. 159).

Pensamos então que estas quatro questões que marcam a raridade da experiência, representam, na realidade, uma estratégia intrínseca de legitimação dos modelos, como dito anteriormente, do mundo e do sujeito moderno que reduz o tempo do acontecimento à ação enquanto execução de tarefas. A aceleração que vivemos atualmente transforma tudo em urgência substituindo a duração e o sentido por valores como o excesso, a quantidade e, podemos dizer até mesmo por certo fatalismo, pela impossibilidade de permitir que algo nos passe, e que vivamos assim a experiência.

No campo da formação de professores, observamos tanto alunos como professores subjugados a mecanismos de controle do tempo e da produção. Tais mecanismos se expressam na redução do tempo de formação, no enxugamento das disciplinas, no engessamento dos conteúdos definidos externamente à dinâmica da relação em sala de aula, na quantidade de participação em eventos e de publicações exigidas como medida de produção de trabalhos acadêmicos/profissionais. Enfim, vivenciamos um investimento no tempo-espaço do produtivismo.

E nisso coincidem os engenheiros, os políticos, os fabricantes, os médicos, os arquitetos, os sindicalistas, os jornalistas, os cientistas, os pedagogos e todos aqueles que projetam sua existência em termos de fazer coisas. Não somos apenas sujeitos ultrainformados, transbordantes de opiniões e superestimulados, mas também sujeitos cheios de

---

de perceptos e afetos em domínios heterogêneos. Pensar, escrever, trabalhar, compondo um plano em que estados vividos, ideias pensadas, inovações das ciências e das artes, tendências sócio-históricas possam cofuncionar coletivamente e maquinar um continuo de intensidades (Deleuze, 1988).

vontade e hiperativos. E por isso, porque sempre estamos querendo o que não é, porque estamos sempre ativos, porque estamos sempre mobilizados, não podemos parar. E por não podermos parar nada nos passa. (Larrosa, 2004, p. 159-160)

A experiência é o que nos passa, o que nos acontece, o que nos afeta e isso requer uma atitude diversa do sábio/cientista que fala por representações, pois demanda um gesto no espaço-tempo dos acontecimentos que são produzidos pela própria experiência. Tais experiências como afirma Larrosa (op. cit.), possuem um componente fundamental: a capacidade de formação ou de transformação. Em ressonância a esta ideia de experiência, Latour nos apresenta outras questões que considera mais interessantes e pertinentes para pensar a articulação entre política e ciência:

> Você abandonaria as certezas pela tentativa? A alta transcendência do Verdadeiro e do Bem pela mínima transcendência da hesitação e da retomada? Precisaria ser louco para privar-se do apelo à razão que permite o desvendamento crítico. Não louco, mas deixaria de ser moderno. Isso calha bem, nós nunca o fomos (Latour, 2004, p.307).

O questionamento produzido por Latour acerca da modernidade coloca em xeque a ideia da razão pura, da neutralidade, da primazia dos resultados sobre os processos, entre outros aspectos. O que, em certo sentido, nos remete a articulações polêmicas com um outro mundo, aquele que não possui mais como instrumento uma natureza e culturas, que não pode mais simplificar a questão do quantificável unificando-o pela natureza, mas sim compor uma multiplicidade de redes incomensuráveis. O que importa é aprender a se tornar sensível e se permitir ser afetado por estes contrastes. O *aprender a ser afetado*[9] refere-se à necessidade de colocar em movimento uma dinâmica intensa e viva do encontro com o risco, com o novo, com o diferente.

---

[9] Este conceito será mais desenvolvido a diante no texto.

Na proposição de uma *política epistemológica* alternativa, Latour (2004) não parte de uma distinção entre ciência, pré-ciência e não ciência. O foco desta proposta repousa na busca de predicativos bastante curiosos para se pensar o processo de construção do conhecimento: "interessante, arriscado, controvertido, multiverso" (Latour, *ibid*). Configura-se assim, uma perspectiva rizomática[10] para a construção do conhecimento: "um rizoma não começa nem conclui, ele se encontra no meio, entre coisas, inter-ser, *intermezzo*" (Deleuze & Guattari, 1995, p.37). O rizoma é aliança, conjunção.

Agregando-se ao conceito de *epistemologia política,* a ideia de *trajetórias de aprendizagem,* tomada da psicologia por Latour (2004), sintetiza um modo como se designa a situação de um coletivo em vias de composição e recoloca a experiência enquanto possibilidade de qualificar um movimento. A ideia de trajetória oferece, portanto, um intermédio, um percurso, um caminho que permite experienciar o conhecimento não pelo que se dispõe no começo, mas pela qualidade da *trajetória de aprendizagem.*

Com a noção de trajetória de aprendizagem, resolve-se, dito de outra forma, um *problema de escala.* Se é possível sempre, no laboratório, trabalhar sobre um modelo reduzido, é preciso sempre, uma vez obtido, coletar o coletivo em real grandeza, sem poder esperar, sem poder repetir, sem poder reduzir, sem poder acumular o conhecimento das causas e das consequências de nossas ações. Não há redução possível do coletivo, é por isso que nada substitui a experiência que se deve efetuar sempre sem certezas (Latour, 2004, p.324).

A *trajetória de aprendizagem* é, então, um modo de exercer uma *epistemologia política*, uma experiência de formação que emerge nos acontecimentos engendrados pela multiplicidade da própria formação

---

[10] Rizoma é um conceito criado por Deleuze e Guattari (1995) para trabalhar os platôs. Eles enumeram alguns princípios para a compreensão do rizoma: de conexão, de heterogeneidade, de multiplicidade, de ruptura a-significante, de cartografia e de decalcomania. Este é um conceito que contribui, significativamente, para a compreensão de uma *política epistemológica*.

de professores. Uma trajetória de aprendizagem é experienciada por meio de dispositivos que facultam a diversidade de espaços-tempo: leituras, compartilhamento de experiências, análises, feitura das tarefas, encontros de corredores, aparatos curriculares que deixam de engessar o conhecimento acadêmico.

Com efeito, entendemos que experiência e trajetórias de aprendizagem não podem ser reduzidas à reconstituição de uma sequência linear de conteúdos de trabalhos que se restringem a identificar estratégias adequadas para que estes processos se materializem, estabelecendo caminhos únicos para sua ação.

Dobras acontecimentos: encontros com alunos/mestres

Para potencializar o encontro com a noção de experiência e de trajetórias de aprendizagem, nos debruçamos então sobre o processo de produção de conhecimento de alunos/mestres do curso de pedagogia da FFP/UERJ, como dito anteriormente.

No referido projeto as narrativas das memórias são dispositivos que potencializam vivenciar a diferença e compartilhar os saberes. Foi a partir desta compreensão sobre a importância das narrativas que os alunos/mestres se lançaram no encontro com as histórias contadas por duas pessoas nascidas na década de 1940 – dona Neide e seu Sebastião – resgatando aí a multiplicidade de experiências vivenciadas no ato de fazer brinquedos e de brincar. O resgate das memórias traz as similaridades e contrapontos no ato de criar e de fazer brinquedos e brincadeiras, mostrando as diferentes realidades sociais e culturais das crianças/adultos, suas interações e valores instituídos nas brincadeiras. A metodologia utilizada foi a produção do documentário *Memórias da infância – brincadeiras de criança* onde os alunos/mestres nos proporcionaram um encontro com outras infâncias. O documentário convida ao uso de novas lentes para pensar os processos de subjetivação na infância, bem como potencializar as experiências e as trajetórias de aprendizagem que se tecem nos cotidianos. As dobras do processo de produção dos alunos/mestres forjaram narratividades criadoras de autoria

> (...) contar histórias sempre foi a arte de contá-las de novo, e ela se perde quando as histórias não são mais conservadas. Ela se perde porque ninguém mais fia ou tece enquanto ouve a história. Quanto mais o ouvinte se esquece de si mesmo, mais profundamente se grava nele o que é ouvido. (...) Assim se teceu a rede em que está guardado o dom narrativo. E assim essa rede se desfaz hoje por todos os lados, depois de ter sido tecida, há milênios, em torno das mais antigas formas de trabalho manual. (Benjamim, 1996, p.205).

No encontro entre seu Sebastião, dona Neide e os alunos/mestres uma rede foi criada a partir do recontar as histórias, do refrescar e reinventar as lembranças. Nas palavras de dona Neide: *são vocês é que puxam a minha memória*. O ato de compartilhar o processo de fazer os brinquedos e as brincadeiras revelou a multiplicidade de saberes.

> Sob a luz do candeeiro ou das luminárias em forma de prato, ou sob a luz da lua, dona Neide e seu Sebastião reviveram suas histórias de brincadeiras nas ruas, separando aquilo que era brincadeira da noite e do dia. E ao narrar a forma como faziam – eles próprios ou seus pais – seus brinquedos, eles mostram um fazer repleto de significado e valores de cuidados, solidariedade e aprendizagem sobre algo que era precioso – o brincar de fazer brinquedos. (Barros, Toja, Muniz, Zéfiro & Breia, 2005, p. 8).

O trabalho desenvolvido pelos alunos/mestres foi fecundo no que se refere às ressonâncias e diálogos entre: novos e idosos, acadêmicos e pessoas sem escolaridade, o simples e o belo, entre tempos e lugares tão distintos, resgatando o sabor do saber através do compartilhar das narrativas. A produção do documentário, bem como do texto acadêmico dos alunos/mestres se deu como um acontecimento onde o fluxo de perceptos e afetos habitaram o espaço-tempo da formação. Deste modo, a materialidade desta experiência nos proporcionou uma articulação singular onde foi possível superar a perspectiva do trabalho como reprodução por uma abordagem que nos implica e nos complica no processo do *aprender a ser afetado* (Latour, 2002). Sentimo-nos, assim, convidadas a ouvir outras coisas, a ver e a estudar outros contextos e textos, a ser afetados por outros componentes que emergiam dos agenciamentos produzidos nos encontros entre os formadores e os formandos.

...um intermédio entre o saber e a ignorância. Define-se, não pelo conhecimento de que dispõe no começo, mas pela qualidade da *trajetória de aprendizagem*, que permitiu passar por intermédio de uma prova e de ficar sabendo um pouco mais. A experiência, todo pesquisador digno deste nome sabe bem, é difícil, incerta, arriscada, e não permite nunca recorrer a testemunhas confiáveis em qualquer tipo de catálogo. Ela pode errar; é difícil de reproduzir; depende dos instrumentos. Uma experiência ruim não é aquela que falha, mas aquela da qual não se tira nenhuma lição para preparar a experiência seguinte. Uma experiência boa não é a que oferece um saber definitivo, mas a que permite redesenhar o *caminho de provas* pelo qual vai ser necessário passar, de maneira que a interação seguinte não se cumpra em vão (Latour, 2004, 319).

O desenvolvimento e os desdobramentos do projeto dos alunos/mestres vêm nos mostrando que o processo de pensar e de aprender emerge de encontros que não são previsíveis.

O aprendiz, por outro lado, eleva cada faculdade ao exercício transcendente. Ele procura fazer com que nasça na sensibilidade esta segunda potência que apreende o que só pode ser sentido. É esta educação dos sentidos. [...] A partir de que signos da sensibilidade por meio de que tesouros da memória, sobre torções determinadas pelas singularidades de que ideia será o pensamento suscitado? Nunca se sabe de antemão como alguém vai aprender. [...] Os limites das faculdades se encaixam uns nos outros sobre a forma quebrada daquilo que traz e transmite a diferença (Deleuze, 1988, p.270).

Aprender então não significa ter uma imagem completa daquilo que será experienciado. Por meio do relato dos alunos de como foi o envolvimento e a implicação para vivenciarem a feitura do projeto identificamos uma questão fundamental que nos move no sentido de pensar e fazer outra formação de professores. Como potencializar um percurso de formação que se apoie na multiplicidade? Seria possível habitar o território da formação de professores como uma correlação de forças que despositivasse (Latour, 2004) este espaço-tempo?

Parafraseando Deleuze (1988), a formação de professores só teria como aliado o paradoxo, devendo renunciar à forma da representação assim como ao elemento do senso comum. Como se a experiência de formação só pudesse começar, e sempre recomeçar, a pensar, ao se libertar da imagem e dos postulados dados. Se quisermos pensar uma relação com o tempo-espaço que não passe pela ideia totalizante da educação – uma relação em que o sentido rompa com a ideia de uma razão dada – é necessário acolher que aprender é uma tarefa infinita, permanentemente inacabada. Os encontros singulares nos impulsionam a habitar a imprevisibilidade de maneira sensível, permitindo que algo nos passe, nos aconteça, para além do que está instituído e, assim, nos transforme, nos provoque e nos convide ao movimento. Este encontro singular nos impulsionou a habitar esta imprevisibilidade de uma maneira sensível, onde foi possível inventar relações com o outro, com o conhecimento para além do que está instituído.

O que se coloca como questão para nós é em que sentido estas conexões – epistemologia, política, experiência, educação, trajetória de aprendizagem, formação de professores – possibilitam a emergência de novos modos de pensar, sentir, analisar?

Retomando a nossa questão inicial: seria possível produzir ressonâncias entre a ideia de uma *epistemologia política* que envolva uma proposta de formação de professores em movimentos que se desdobrassem em trajetórias de aprendizagem? Por meio das experiências inventadas em nosso cotidiano, afirmamos que as aprendizagens só ganham sentido na dinâmica do *aprender a ser afetado* proposta por Latour (2002). A dinâmica do *aprender a ser afetado* pressupõe a superação dos binarismos sujeito/objeto, natureza/cultura, razão/emoção, saber/não saber, entre outros.

> Ter um corpo é precisamente aprender a ser afetado, significa 'efetuado', movido, colocado em movimento por outras entidades, humanas ou não humanas. Se você não está engajado neste aprendizado você se torna insensível, idiota, você cai morto.[...] O corpo não é uma residência provisória de algo superior – uma alma imortal, o universal, ou o pensamento – mas o que deixa uma trajetória dinâmica pela qual nós aprendemos a registrar e a nos tornar sensíveis àquilo de que o mundo é feito.(Latour, 2004, p.1)

Atravessar o conceito *aprender a ser afetado* nas *trajetórias de aprendizagem* tecidas numa *epistemologia política* pode nos possibilitar pensar um educador como um corpo que cada vez mais engendre experimentações e inscrições e, ao mesmo tempo, torne-se sensível às diferenças. "As diferenças não existem para serem respeitadas, ignoradas ou subsumidas, mas para servirem de isca aos sentimentos, de alimento para o pensamento" (Latour, 2002a, p.106).

> Assim como os modernos passavam sempre do confuso ao claro, do misto ao simples, do arcaico ao objetivo, e que subiam, portanto, a escada do progresso, nós vamos progredir também, mas descendo sempre por um caminho que não é o da decadência: iremos sempre do misto a outro mais misto, do complicado ao mais complicado, do explicado

ao implicado. Não esperamos mais do futuro que nos emancipe dos vínculos, mas que nos ligue, pelo contrário, com os nós mais apertados a multidões mais numerosas de aliens que se tornaram membros integrantes do coletivo em vias de formação (Latour, 2004, 312).

Como percorrer o caminho do *aprender a ser afetado*? O caminho passa por investir numa trajetória de aprendizagem que nos coloque a problematizar, a buscar as forças que nos afetam. Ao mesmo tempo, esta rede de conhecimento é constantemente reinvestida como parte do próprio corpo que é progressivamente construída na relação com o mundo.

Daí que repensar dispositivos – quaisquer que sejam eles (livros, internet, imagens, filmes, textos, museus, bares, encontros, feiras, brincadeiras) – é potencializar uma e*pistemologia política* das *trajetórias de aprendizagem* encarnada na existência coletiva. Uma política encarnada, onde há inscrições criadas por meio das articulações polêmicas, das vozes, dos silêncios, dos movimentos, que pode, assim, agir e associar-se para propor uma *epistemologia política* na formação de professores. A dinâmica do *aprender a ser afetado*, então passa no corpo que é forjado em ato de conhecer encarnado no mundo, onde ambos se afetam ao mesmo tempo.

Tecendo conclusões sempre provisórias

Os estudos de Latour (2004, 2002, 2002a), Deleuze (1988, 2000), Deleuze e Guattari (1995), Benjamin (1996) e Larrosa (2004) possibilitam-nos perceber que as trajetórias de aprendizagem não se reduzem aos processos cognitivos, mas acontecem nas experiências, nos afetos, nos sentidos que compõem uma política de grande complexidade.

Potencializar uma e*pistemologia política* na formação de professores significa, em certo sentido, abrir-se para pensar processos coletivos de formação que superem as competências e os resultados definidos *a priori*. Dito de outra maneira, abrir mão do poder interpretativo e representacional de fazer ciência, de verdades morais, administrativas, políticas, pedagógicas, que conservam intacta e abstrata a formação que se reduz à pedagogização do percurso da aprendizagem.

A ideia de uma processualidade implicada, marcada pelo *aprender a ser afetado* e suas trajetórias, nos possibilita pensar e agir outros modos de existência da formação docente que escapam das totalizações e universalizações propostas e vivenciadas pelas práticas hegemônicas instituídas na relação psicologia e educação. Este caminho só é possível diante de conexões heterogêneas, abertas, múltiplas e inesperadas que ganham sentido no seu próprio exercício de produção.

Portanto, pensar uma e*pistemologia política* como aprender a ser afetado no processo de formação de professores em prol de uma *trajetória de aprendizagem* é, ao mesmo tempo, não produzir um saber já dado sobre educadores e educandos, mas ao contrário, provocar um movimento dinâmico na própria formação, onde esta crie dispositivos que viabilizem linhas de fuga articulando as suas forças. Afirmamos, assim, que uma e*pistemologia política* pode se constituir como um dispositivo interessante para engendrar um espaço de lutas, entre outros, para pensar a formação de professores articulando, na própria experiência de formação, uma trajetória coletiva e singular de aprendizagem. Assim, a *trajetória de aprendizagem* deixa de habitar a exterioridade da sociedade e do pensamento tornando-se a matéria – virtual e real – com a qual nos tecemos em permanente movimento de formação.

O mais importante é problematizar o que fizemos com a *política epistemológica, com a experiência e com as trajetórias de aprendizagem*. Por isso, identificamos algumas apostas, e alguns efeitos teóricos, ético, estético e político nesse trabalho com uma *política epistemológica* no qual embarcamos e, estamos nos movendo de um modo específico.

A *política epistemológica* é uma experiência na Formação de Professores, na qual o que está em jogo é como se dá o aprender a ser afetado. Daí a permanente tentação e ameaça da pedagogização dos sentidos. Uma pista para abordar estas relações é problematizar as políticas e a epistemologia, pois estas são, ao mesmo tempo, vagas e conhecidas demais, evidentes e mal-determinadas. Partir da problematização nos retira das correntes da Caverna e, nos provoca a experienciar outros modos de vivenciar a Formação de Professores agora mais como acontecimento, como sistema imanente que não para de expandir seus limites, reencontrando sempre, numa trajetória ampliada, em que o limite é estabelecido pela própria política e pelas linhas de fuga que percorremos. Enfim, *política* e*pistemológica* consiste em buscar uma maneira de ocupar, de preencher o espaço-tempo, ou de inventar novos espaços-tempos na formação de professores.

Para tecer a provisoriedade de nossa conclusão, diremos, com Deleuze (1992),

> Acreditar no mundo significa principalmente suscitar acontecimentos, mesmo pequenos, que escapem ao controle, ou engendrar novos espaços-tempos, mesmo de superfície ou volume reduzidos. É o que você chama de *pietàs*. É ao nível de cada tentativa que se avaliam a capacidade de resistência ou, ao contrário, a submissão a um controle. Necessita-se ao mesmo tempo de criação *e* povo (p. 218)

Referências bibliográficas

Barros, M.A.; Toja, N.; Muniz, S.; Zefiro, K. & Breia, V. (2005). Memórias de infância: brincadeiras de criança. In: *Anais do V Seminário de Pesquisa*: a pesquisa na formação docente. São Gonçalo: UERJ.

Benjamin, W. (1996). *Obras escolhidas*: magia e técnica, arte e política. São Paulo: Brasiliense.

Deleuze, G. (1988). *Diferença e repetição.* Rio de Janeiro: Graal.

_____. (1992). *Conversações.* Rio de Janeiro: Editora 34.

Deleuze, G. & Guattari, F. (1995). *Mil platôs*: capitalismo e esquizofrenia. Vol.1. Rio de Janeiro: Ed. 34.

Deleuze, G. (2000). *A dobra*: Leibniz e o barroco. São Paulo: Papirus.

Larrosa, J. (2004). *Linguagem e educação depois de Babel.* Belo Horizonte: Autêntica.

Latour, B. (2002). How to talk about body? The normative dimension of science studies. Paris, nov, p.1-28. Disponível em: < http://www.ensmp.fr/~latour/articles>. Acesso em: 18 julho de 2005.

_____. (2002, a.). *Reflexão sobre o culto moderno dos deuses fe(i)tiches.* Bauru: EDUSC.

_____. (2004). *Políticas da natureza*: como fazer ciência na democracia. Bauru: EDUSC.

Capítulo IV

Uma pesquisa-intervenção em análise: militância, sobreimplicação ou ato político?

Nair Iracema Silveira dos Santos[1]
Luciana Rodriguez Barone[2]

Problematizamos neste texto o processo de pesquisa, colocando em análise nossas implicações e estratégias produzidas em uma experiência com uma escola pública na região metropolitana de Porto Alegre.

O projeto foi desenvolvido no período de 2004 a 2005, investigando *como se constituem modos de trabalhar no espaço escolar*. Com uma proposta de pesquisa-intervenção, procuramos produzir análise do processo de trabalho junto aos diversos setores da escola (professores, equipe diretiva e funcionários de apoio).

Optamos por enfatizar, neste capítulo, o percurso da pesquisa, discutindo especialmente a relação pesquisar-intervir como *ato político e analítico*. O texto aborda as demandas produzidas, as estratégias e analisadores, as implicações no ato de pesquisar e as configurações de uma pesquisa que se quer in(ter)venção.

---

[1] Professora do Departamento de Psicologia Social e Institucional da UFRGS, doutora em educação. (niss@terra.com.br)

[2] Psicóloga, bolsista de iniciação científica na pesquisa aqui referida, no ano de 2005.

A pesquisa-intervenção é uma proposta da Análise Institucional francesa, constituindo-se, mais precisamente, na problematização da intervenção psicossociológica que operava com pequenos grupos, sem que considerasse no campo de análise a dimensão da instituição, da face invisível, "que faz, cria, molda, forma e é o grupo" (Lourau, 1993, p.29).

Lourau (1993, p.28) nos fala de uma *sociologia de intervenção* em oposição a uma *sociologia do discurso,* apresentando-se como um "sociólogo praticante". Em uma proposta de intervenção, "o pesquisador é, ao mesmo tempo, técnico e praticante". Mais do que uma mera ação, a proposta institucionalista de pesquisa radicaliza a noção de neutralidade científica, reconhecendo o lugar do pesquisador sempre implicado.

Na pesquisa-ação já se colocava o compromisso político do pesquisador, mas a ênfase estava na influência do pesquisador no contexto pesquisado e na finalidade conscientizadora da investigação, mantendo-se ainda a separação sujeito-objeto, teoria-prática e o lugar do pesquisador enquanto especialista. "A vontade de saber, na pesquisa-ação é, também, vontade de poder" (Costa, 2002, p. 104).

Na pesquisa-intervenção, "o momento da pesquisa é o momento da produção teórica e, sobretudo, de produção do objeto e daquele que conhece; o momento da pesquisa é o momento de intervenção, já que sempre se está implicado" (Barros e Passos, 2000, p. 73). A ênfase está na desnaturalização das práticas e das instituições, ou seja, o questionamento e desconstrução do que é tido como natural. A análise é produzida através de analisadores que podem ser: um tema, uma cena, uma pessoa, um acontecimento, ou qualquer coisa que a produza.

Rocha e Aguiar (2003) referem que a pesquisa-intervenção busca investigar a vida das coletividades na sua diversidade qualitativa:

> Qualitativo está ligado à análise dos sentidos que vão gradativamente ganhando consistência nas práticas. O sentido é a virtualidade que

pulsa nas ações, é processualização da vida e atravessa o significado, uma vez que está na ordem das intensidades. Desse modo, o desafio dos pesquisadores é ir além do reconhecimento das representações estabelecidas na comunidade investigada, dos consensos que dão forma e apresentam a vida como uma estrutura definida nos seus valores, produções e expectativas (p.66).

Vários autores do campo da Psicologia (Barros e Passos, 2000; Rocha e Aguiar, 2003; Paulon, 2005), identificados com o movimento institucionalista e a filosofia da diferença, têm nos auxiliado na aventura de novas experimentações em pesquisa. O que encontramos de comum entre as diversas propostas de nossos colegas é a defesa da ruptura com o modo positivista de investigação, sobretudo a afirmação da relação pesquisa e política, assim como da clínica e política, da psicologia e política.

Na proposta de pesquisa-intervenção, a origem etimológica do termo "intervir", vem do latim *interventio* e significa "vir entre" (Ardoino,1987). Neste sentido "intervir é criar dispositivos de análise coletiva" (Lourau,1993, p.30), incluindo-se, na experiência aqui discutida, a problematização permanente dos lugares que ocupamos enquanto pesquisadoras, de nossas implicações, das relações da escola com a pesquisa e dos efeitos do trabalho no contexto em que se desenvolvia.

Ao problematizarmos os modos de trabalhar na escola, novas questões surgiram para as pesquisadoras sobre os desafios nas práticas de pesquisa, nas quais a invenção se coloca como imperativo estratégico para ruptura das evidências do "trabalhar-pesquisar--pensar-intervir". Em tempos de discursos democráticos, o que produzem nossas práticas? O que estamos inventando enquanto pesquisadoras? Pesquisa na escola para quê? Quais discursos sustentam nossas práticas? Estaríamos alienadas em um modo pesquisador-militante? São algumas questões norteadoras das reflexões desenvolvidas no texto.

Da produção de demandas no contrato de pesquisa: acontecimentalizar é preciso!

Ruptura das evidências, essas evidências sobre as quais se apoiam nosso saber, nossos consentimentos, nossas práticas. Tal é a primeira função teórico-política do que chamaria acontecimentalização (Foucault, 2003, p. 339).

Pensarmos sobre as demandas em uma experiência de pesquisa não é uma tarefa tão simples, já que nem mesmo as perguntas que formulamos podem ser tomadas como naturais. Nossas indagações têm histórias e com Foucault (1988) nos perguntamos: Por que pesquisar o processo de trabalho na escola? Por que este tema e não outro? Para que e para quem pesquisamos? E o que queríamos com uma pesquisa-intervenção?

As demandas são sempre produzidas no entrecruzamento de pedidos e ofertas. Em nossa experiência não partimos de um pedido, já que a demanda inicial da pesquisa foi produzida por nós, apresentando o projeto à Secretaria de Educação e depois à escola. Trabalhamos com uma escola pública, de grande porte, de ensino fundamental. A oferta discutida nas diversas instâncias produziu demandas em vários sentidos, e a análise destas, ao longo da pesquisa, foi um importante operador da problematização do processo de trabalho, conforme nossa proposição.

Partimos da crença de que as mudanças na escola terão de passar pela análise da subjetivação do trabalho, pela instalação de dispositivos, os quais abrem brechas para o pensamento, forçá-lo como dizia Deleuze (1988) para que novas dobras se configurem.

Sabe-se que esta é uma questão negada historicamente no campo da educação, no qual a figura do educador esteve durante muito tempo vinculada às práticas de doação, expressas nos discursos de que *educar é doar-se, educar é um dom, educar é cuidar, a escola é o segundo lar*. Aliado a estes, o investimento nas metodologias de ensino caminhou de uma ênfase na técnica para a problematização da relação professor-aluno, sem que se considerasse a relação do educador com seu trabalho e os processos de subjetivação que o constituem trabalhador.

Posicionamentos críticos, mas assumidos de um determinado lugar. A opção por uma instituição pública se faz em um campo de identificações das pesquisadoras, de uma universidade também pública, que apostam na educação como direito e como potência na produção de novas subjetividades. A opção por certo modo de pensar impõe direções.

Estamos considerando uma determinada noção de subjetividade que não se reduz ao indivíduo ou ao intragrupal. A subjetividade, segundo Guattari e Rolnik (1986, p. 33) "está em circulação nos conjuntos sociais de diferentes tamanhos: ela é essencialmente social, assumida e vivida em suas existências particulares". Há aí uma dissociação dos conceitos de indivíduo e subjetividade. O primeiro é uma unidade; a segunda é uma multiplicidade, não se reportando a uma consciência individual.

A noção de multiplicidade nos auxilia na compreensão da complexidade do cotidiano escolar, constituindo-se este em um campo de forças, onde operam discursos, práticas, jogos de relações, como referia Foucault (2003). A ideia de multiplicidade aparece na obra de Deleuze e Guattari como um princípio, o qual aponta para a inexistência de unidade, de sujeito e de objeto. Uma multiplicidade, segundo Deleuze (1998, p. 71), nunca está nos termos, seja de que número eles forem, nem em seus conjuntos ou totalidade: "Uma multiplicidade está somente no E, que não tem a mesma natureza que os elementos, os conjuntos e sequer suas relações". Pensar com *E*, pensar nas composições, conexões, ao invés de pensarmos por definições, identidades.

> A apropriação do quotidiano institucional não se dá somente na perspectiva da ação sobre as estruturas, mas no desbloqueio do tempo e, portanto, em algo da ordem do incorporal. A instituição é máquina

abstrata, é movimento, dimensão produtiva da existência, enquanto a organização se constitui como dimensão funcional desta existência, base de estabilização, de espacialização. (Rocha, 1996, p. 136).

Qual a relação com o tempo nesta escola? Um tempo ou vários tempos? O tempo esgotado, gasto na tarefa imediata, nos relatórios, avaliações, planos de aula; Um outro tempo que pede paradas, que permite o incômodo, que força o pensar. Mas quem pedia espaço para pensar? E quem aceitava tal proposta?

Para termos acesso à escola, a proposta de pesquisa foi discutida primeiro com a Secretaria de Educação, tendo como mediadores técnicos do setor Recursos Humanos. O projeto foi apresentado a uma psicóloga do setor, e posteriormente encaminhado para apreciação da equipe de assessoria às escolas. Uma das solicitações que fizemos era de que o projeto, tendo aprovação da mantenedora, não fosse imposto às escolas. Sendo assim, recebemos indicação de duas escolas para que escolhêssemos uma. O critério por nós utilizado foi o da localização mais próxima da universidade, considerando que uma das escolas exigiria um tempo bem maior para deslocamento. O critério da Secretaria de Educação, segundo uma das assessoras, foi uma escola *sem muitos problemas*, com uma equipe disponível para pensar suas práticas.

O contato com a escola ocorreu em um primeiro momento através de uma reunião com equipe diretiva, discutindo-se o projeto e examinando interesses da escola. A mesma condição colocada à mantenedora da não obrigatoriedade do aceite, foi negociada com a equipe, ficando em aberto a possibilidade de professores e funcionários não aceitarem participar da pesquisa. Em um terceiro momento, o projeto foi apresentado ao conjunto de professores e funcionários da escola. Com a presença de aproximadamente 50 participantes, a maioria demonstrou interesse pelo trabalho, sendo que duas pessoas solicitaram para não participar e outras duas apresentaram um pedido para que atendêssemos alunos difíceis e que, em troca, participariam da pesquisa. Naquele momento não recusamos de todo a atenção ao pedido, mas argumentamos que a ênfase da pesquisa era o processo de trabalho e não as questões dos alunos. É claro que as dificuldades dos alunos se fazem presentes no processo de trabalho, mas nossa proposta era desviar o foco do aluno e mesmo do professor-indivíduo, analisando o campo discursivo em que se produzem os modos de trabalhar na escola.

A equipe diretiva, composta por direção, vice, supervisores, orientadores, serviços de apoio pedagógico e administrativo, acolheu a pesquisa, mas, para muitos professores, esta representava mais trabalho em um cotidiano já sobrecarregado. Percebemos, nos primeiros meses, que a discussão do projeto nos vários segmentos, não nos eximia do lugar que ocupávamos ali, como representantes de uma universidade, reconhecidamente como excelência na produção de conhecimento. Como a escola diria não à proposta da UFRGS? Era preciso colocar em análise também esta relação.

Houve uma demanda produzida que se localizou sempre de forma parcial e ambígua na equipe diretiva, entre os funcionários e entre os professores. A pesquisa aparecia em vários momentos como necessidade nossa, tendo encontrado maior acolhimento na equipe diretiva que se colocava muitas questões sobre a gestão da escola. Apesar de várias reuniões realizadas para a discussão do contrato com a equipe diretiva e com os professores e funcionários da escola, a análise da demanda precisou ser retomada em várias situações, configurando-se também em um analisador do cotidiano de trabalho na escola.

Das estratégias e alguns analisadores utilizados na pesquisa

Nos vários espaços que participamos, procuramos criar situações de análise no coletivo, tomando temas emergentes nos grupos como analisadores. Colocar a pesquisa em análise faz parte desse processo, problematizando-se desde a produção da demanda e a relação da escola com a pesquisa. Retomaremos aqui brevemente as estratégias utilizadas.

Após as reuniões para estabelecermos o contrato de pesquisa, iniciamos a inserção na escola com alguns procedimentos: entrevistas individuais e observação participante dos espaços coletivos formais e informais.

Nos primeiros meses, já percebemos que grupos de discussão não aconteceriam tão facilmente e, após algumas entrevistas, nos deparamos com um mal-estar entre os professores, que nos diziam *não ter tempo*, sentindo-se invadidos nos seus espaços de folga, o que nos indicava certa incompatibilidade da entrevista individual com a proposta da pesquisa-intervenção. Passamos a priorizar a observação participante e a elaboração de diários de campo, procurando potencializar a participação nas reuniões previstas na programação da escola (reuniões de equipe diretiva, reuniões pedagógicas, reuniões de formação, reuniões de funcionários, reuniões do conselho escolar). As atividades foram sendo desenvolvidas respeitando-se o funcionamento e tempo da escola.

Os analisadores utilizados estão inscritos no conjunto das inúmeras demandas presentes, como a própria questão do tempo, tomada para análise em vários momentos nas reuniões com equipe diretiva. A escola aparecia consumida em tarefas cotidianas, nas quais não havia espaço para o pensamento.

As demandas se expressavam marcadamente divididas nos setores. A equipe diretiva desde o início topou o trabalho, demandando análise do próprio funcionamento, no desejo de manter uma imagem de equipe forte, unida, engajada, identificada com uma proposta de educação popular e uma gestão democrática. Os movimentos da equipe se davam em tentativas de assumir e tomar tudo para si, mas com expectativas de que os professores também trabalhassem unidos, participativos e cooperativos e, nesse sentido, as queixas apareciam de ambos os lados.

Nossa participação nas reuniões semanais da equipe se afirmou no primeiro ano da pesquisa e ampliou-se no segundo. As formas de intervir nas reuniões intercalavam-se entre colaboração na discussão de assuntos pautados, no planejamento de atividades e alguns momentos de restituição[3], com análise de questões propostas por nós, sobre o desenvolvimento da pesquisa e sobre o que pensávamos sobre os modos de trabalhar na escola. Independentemente da forma como participávamos, fomos construindo uma relação com o grupo que nos permitia abrir questões para análise. A outra face dessa aproximação da equipe, é que a abertura que nos era propiciada, também permitia o controle de nossas atividades e o controle do que colocaríamos em análise com os demais grupos. Esta foi uma questão que só conseguimos analisar com a equipe nos últimos meses do trabalho.

No grupo de funcionários da limpeza e cozinha, as demandas se colocaram em torno das insatisfações com o lugar que ocupavam na escola, expressas principalmente no incômodo com as questões contratuais – já que a maioria tinha contratos terceirizados – e com as dificuldades no relacionamento com os demais trabalhadores da escola e alunos.

Em relação ao conjunto dos professores, nos perguntávamos constantemente se estes tinham demandas para a pesquisa. Para alguns, desde o primeiro contato, a expectativa era de que auxiliássemos nas questões relacionadas às dificuldades dos alunos; para outros, a psicologia representava mais tarefa, mais trabalho; para alguns, era uma possibilidade da discussão da organização do trabalho na escola e das relações que vinham construindo, já que o grupo vinha crescendo com a ampliação da escola e tudo estava em construção: a proposta pedagógica, propostas de gestão, a constituição do grupo. As demandas divididas eram atravessadas por ambivalências do grupo, entre investir no trabalho coletivo ou nas tarefas individuais, pensar sobre o processo ou organizar suas tarefas.

---

[3] Lourau (1993) coloca a restituição como um importante dispositivo na análise. Propõe que se fale das coisas que geralmente são deixadas à sombra, os bastidores da pesquisa. O material restituído deve ter relação com a análise das próprias implicações, retomando-se os acontecimentos excluídos, os não ditos nas relações de pesquisa. Alerta-nos para um cuidado: *deve-se enunciar coisas e não denunciar outrem* (p.52).

No início de 2005, num momento de recontrato da pesquisa na escola, houve um pedido dos professores para que fizéssemos uma devolução dos dados obtidos em 2004. Este pedido suscitou reflexões sobre a relação que vinha se estabelecendo entre a escola e a pesquisa, evidenciando uma sensação por parte dos professores de estarem sendo observados (como meros objetos de pesquisa) e uma concepção de análise (diagnóstico) dissociada do processo de pesquisa-intervenção. A análise da relação da escola com a pesquisa, retomando o processo de nossa inserção, produziu análise do incômodo dos professores com algumas tarefas cotidianas na escola, cobranças da equipe diretiva e com o conteúdo do seu trabalho. Neste momento, a pesquisa fez-se também analisadora do processo de trabalho na escola.

A análise da relação escola-universidade e da relação pesquisa-escola, colocou em discussão a naturalização da presença da pesquisa na escola e os lugares que ocupávamos, ou seja, nossas implicações. Afinal de contas o que produzimos na pesquisa? Naturalizamos a intervenção? Psicologia para quê? Pesquisa para quê? O que é pesquisa-intervenção? O que esse nome carrega? Repetimos incansavelmente na escola que tínhamos também o objetivo de intervir. Mas o que é intervir? Buscávamos ampliar espaços de participação dos trabalhadores? Nosso discurso repetia o tom dos discursos naturalizados na escola: *cultura pela paz, radicalização da democracia, participação e educação popular*, entre outros tão enunciados no cotidiano.

Fomos capturadas? A pesquisa seria um *enlatado* como tantos outros referidos por professores em uma reunião? Repetimos aquilo que criticávamos? Caímos no especialismo sobreimplicado ou conseguimos de fato analisar nossas implicações?

Analisando nossas implicações

A análise das implicações é uma ferramenta central na experiência de análise institucional e, em se tratando de pesquisa, Lourau (1993) a refere como *análise das condições de pesquisa*.

A análise da implicação é, segundo Lourau (2004), *um nó de relações*. Na pesquisa trata-se da análise das relações que estabelecemos com o objeto de pesquisa, com a instituição da pesquisa, com as instituições de pertencimento (social, político, econômico, profissional), com as demandas produzidas, com as práticas e discursos do contexto pesquisado e com as formas de conhecimento. Coloca em evidência o jogo de interesses e de poder encontrados no campo da investigação.

Nossas contradições foram expostas entre o mal-estar dos professores quando ouvimos de um deles a pergunta: *O que querem dizer com intervenção? Palavra arcaica, pensei que nem usassem mais.*

Em ato, a ambiguidade da palavra nos alertava para as lacunas do contrato e da análise de nossas implicações. Desde então nos perguntamos também por que não fomos capazes de inventar nem mesmo um outro nome para a pesquisa. Segundo Ardoino (1987) em linguagem corrente, *intervir* é sinônimo de mediação, intercessão, ajuda, apoio, cooperação; mas é também em outros contextos, sinônimo de intromissão, intrusão, podendo estar associada à coerção, e repressão. Uma associação dessas não se dá fora de uma prática. O incômodo dos professores com nosso discurso permitiu a desnaturalização da prática de pesquisa em um contexto marcado por situações que escapavam aos ideais que nos acompanhavam.

> A angústia do analista e do investigador se dá, hoje, porque posterga ou não encontra o modo de intervir. Ato político, ato analítico: hoje, mais do que nunca, precisam ser atualizadas estas relações de forma original e singular. Os grupos, os pacientes, as instituições não estão encerrados, fora do social caotizante. Estão infiltrados pelo social, passiva e fastidiosamente... (Saidón, 2005, p. 236).

Ao longo do processo, nos perguntávamos constantemente sobre os lugares que ocupávamos na escola enquanto pesquisadoras-interventoras. Não fomos meras observadoras, mas sim produzimos ou potencializamos movimentos ou imobilidades. Em alguns momentos, diante de uma lógica presente na escola, bastante institucionalizada, nos sentimos impotentes ou imóveis. Muitas urgências se colocavam no cotidiano destes trabalhadores, não havendo espaço para pensar sobre o trabalho. Às vezes nos víamos tomadas pelo ímpeto de ajudar a resolver os problemas da escola, estando presente também uma sensação de estar roubando tempo dos trabalhadores, tão ocupados com suas tarefas imediatas.

A partir dessas sensações e experimentações, analisamos alguns ideais atravessados em nosso trabalho como pesquisadoras. Ideais de participação, através dos quais se considera que todos poderiam ou deveriam participar. Desde o início do projeto, a ideia era reunir todos os setores, juntar professores e funcionários, ao que a escola sempre relutava. Também estava presente um ideal de participação, no sentido de que todos pudessem falar, se colocar, expor suas opiniões e divergências no grupo.

Tínhamos ideais de pesquisa, considerando-se um modo crítico de fazer pesquisa e de produzir conhecimento, marcado por uma identificação com os pressupostos e discursos de transformação do movimento institucionalista e a possibilidade da pesquisa se constituir em espaços de singularização do/no cotidiano escolar. Neste sentido, o discurso de mudança, carrega uma generalização e uma crítica do cotidiano escolar. Queremos produzir mudanças? "As mudanças têm sentidos, direções.... Toda mudança implica uma escolha, e nas escolhas ganham-se coisas e perdem-se outras". (Campos, 2003, p.138). Quais possibilidades de escolhas têm os grupos quando trabalhamos em prol de mudanças? Estamos a falar como especialistas detentoras de saber e poder para provocar mudanças?

Perpassando esses ideais, há algumas marcas do próprio processo de formação de nossa universidade. Estamos em um estabelecimento público de ensino, em um curso de psicologia que vive um processo de reforma curricular, com desafios de mudanças semelhantes aos da escola. Nossas escolhas na pesquisa estão marcadas por discursos de uma determinada psicologia social, que convocam todos a pensar, analisar, olhar para si, problematizar práticas e expressar o que pensa.

Também se faziam presentes nessas identificações com discursos do campo da educação popular, da escola cidadã, das gestões democráticas, da militância. São discursos muito marcantes na própria equipe da escola, compondo-se com outros de nossas práticas como autogestão e autoanálise, do compromisso social, das ações coletivas.

Enquanto pesquisadoras estamos inseridas em processos que buscam validar certa produção de conhecimento, prestando contas aos órgãos financiadores e à universidade, através de relatórios, artigos, apresentação de trabalhos, tendo que mostrar todos os procedimentos e principalmente os resultados. Assim, estão presentes também os discursos acadêmico-científicos sobre o que se reconhece enquanto pesquisa, como produtivo e relevante, ou seja, há uma sustentação, uma permissão e um financiamento por traz de toda nossa prática.

Uma estratégia utilizada pela equipe de pesquisa foi vincular o projeto de pesquisa a um estágio. Podemos pensar que este discurso se compõe também pelo que é reconhecido enquanto prática na formação, enquanto estágio. Este reconhecimento parecia muito marcado por uma exigência de intervenção, que se fez presente por parte da escola, da equipe de pesquisa, dos supervisores de estágio e da própria estagiária.

O fato de a pesquisa ter uma duração determinada, com um órgão financiador e um estágio vinculado a ela, talvez dificultasse que, por exemplo, colocássemos realmente em questão a nossa presença na escola. Nunca cogitamos a possibilidade de sair da escola, de encerrar o processo, antes do prazo determinado.

Nossa prática está inserida também num contexto de exigência de produção capitalista, nos exigindo uma intervenção que mostre resultados, que mostre as mudanças na escola de forma intensa. Não escapamos da sobreimplicação[4] que examinávamos no contexto dos trabalhadores na escola.

---

[4] A noção de sobreimplicação é trabalhada por Lourau (2004) como uma derivação do conceito de implicação, relacionada à *subjetividade-mercadoria*. É a ideologia normativa do sobretrabalho, gestora da necessidade de 'implicar-se', caracterizando-se por um ativismo. Neste sentido se constitui na negação da análise de implicação. *Pode ser entendida como o 'plus', o ponto suplementar que o docente atribui ao trabalho do aluno se encontra esmero em seus cadernos* (p.192).

As mesmas implicações e atravessamentos que marcam a prática, de forma a imobilizar, também impulsionam movimentos quando postas em análise. Assim, buscamos, a partir das insatisfações e questões geradas, potencializar alguns momentos de restituição, propondo questões para análise, examinando o contexto da pesquisa e expondo também nossos incômodos e incertezas no processo. Ao mesmo tempo em que a pesquisa se fez intervenção, nós, pesquisadoras, fomos e ainda somos subjetivadas por esse processo, pelos atravessamentos das instituições e dos discursos. Não escapamos às cegueiras próprias da imersão no caos do cotidiano escolar, que se faz em vários mundos. Nesta escola, em especial, muitos acontecimentos quebravam a rotina, produzindo vários momentos de tensão na equipe, nos professores, funcionários e grupo de pesquisa.

Saidón (2004) refere a mais significativa das cegueiras assinalada por Lourau: a possibilidade do movimento entrar no molde da instituição, de maneira imperceptível para muitos.

Como intervir, então, na rede institucional regida pelo princípio de equivalência? Isto porque o instituído aceita o instituinte quando pode integrá-lo, quer dizer, torná-lo equivalente às formas já existentes (Saidón, 2004, p. 231).

> Como produzir a diferença? Como ir além das condições de elaboração da proposta de pesquisa? Como fazer da pesquisa um *ato político* como referiam Rodrigues e Souza (1987)? Como não cair no voluntarismo da militância?

Pesquisar-intervir: sobreimplicação, militância ou ato político?

A análise aqui empreendida recupera parte do processo de pesquisa e parte da análise construída no período em que esta se desenvolveu. As questões produzidas no tempo de contato com a escola carregam incômodos e incertezas quanto às escolhas que fazemos como pesquisadoras de uma universidade pública, repleta de discursos e práticas críticas. Expor nosso diário de pesquisa não significa que as questões em análise são pessoais, pois elas expressam interlocuções com vários colegas, muitos presentes nesta publicação; com autores que sustentam o pensar aqui construído; com profissionais da escola que acolheu a pesquisa. Também estão neste contexto, diálogos com alunos na graduação, os quais nos convocam a pensarmos sobre este lugar da *crítica* na Psicologia Social.

A proposta de pesquisa-intervenção situa-se em um campo discursivo que se constituiu desde os movimentos sociais, as práticas problematizadoras da ordem social, a crítica ao paradigma positivista de ciência, e o questionamento sobre a pretensa neutralidade do pesquisador. No entrecruzamento de teorias e práticas criticas, especialmente no Brasil, a partir da década de 1970, a psicologia toma para si o desafio de aproximar ciência, prática e política. O pano de fundo das experiências desenvolvidas desde então tem se constituído por discursos que defendem o compromisso social e, portanto, político da psicologia, tanto no campo da profissão quanto no campo da produção científica.

Transversalizando estes discursos encontramos uma marca forte da identidade militante, que também está presente na constituição do movimento institucionalista e que reconhecemos em nossa trajetória acadêmica. Com a equipe diretiva da escola examinávamos a identidade militante do grupo, não só partidária, mas do ponto de vista de ideais de educação e gestão. Mas deixávamos de examinar nossas identificações com esse modo militante.

Figueiredo (1995) problematiza a *militância como modo de vida*, tal como pode se manifestar nos mais variados campos da experiência: política, religião, negócios, atividades profissionais, científicas e culturais, incluindo principalmente o campo da contracultura.

A militância como modo de vida é *uma versão extremada da subjetividade* que se instalou na modernidade, tendo *a vontade na posição de princípio unificador do sujeito*. No século XX, transformou-se num dos modos dominantes de existência, configurando-se como "sintoma de toda uma época e de todo o sofrimento que lhe é inerente" (Figueiredo, 1995, p.115).

A identidade militante, segundo Figueiredo (1995, p.116), sustenta-se em dois enquadres temporais: o do *tempo longo, dos princípios e ideais* – definindo-se pela adesão imaginária nos movimentos – uma resistência sem preocupação com resultados e com as vicissitudes do tempo; o *do tempo curto, das urgências* – em que a resistência se afirma nas tarefas inadiáveis e na disponibilidade ilimitada para a ação através de um programa extenuante e repetitivo.

Em nossa experiência de pesquisa, este modo militante esteve presente em alguns momentos, oscilando entre o tempo de *ideais e princípios* e o tempo das *urgências*. Nossos ideais de mudança, de transformação, de produzir a autogestão se misturavam com o impulso para ações imediatas que atendessem às demandas da escola. Oscilávamos entre seguir um plano de ação ou acompanhar os movimentos da/na escola. Não escapamos da lógica do sobretrabalho que marcava o cotidiano na escola.

> Em qualquer esfera em que seja exercida, a militância transforma a vida num jogo imaginário de estratégias que se destina a prever e calcular os acontecimentos de forma a lhes retirar qualquer propriedade efetivamente acontecimental. A militância é uma defesa sistemática contra o acontecimento; é um dispositivo de vedação (Figueiredo, 1995:123).

Acontecimentalizar a pesquisa se fez incompatível com os ideais militantes, de uma resistência expressa no compromisso e no engajamento, que resultava na repetição do que pretendíamos transformar. Em vários momentos experimentamos o incômodo de ocuparmos lugares que problematizávamos, como em uma reunião com a equipe diretiva, em que uma professora referiu sentir nossa participação como uma supervisão. E lá estávamos novamente como especialistas.

Como podemos pensar o caráter político de uma prática de pesquisa? Ato político, ato analítico?

Guattari (1986, p. 227) pensa o *analítico* como processo, que não se confunde com sua expressão. Com esse entendimento problematiza a noção de *ato analítico,* porque "ela introduz um corte entre um campo do ato e um outro, do não ato, campo indiferenciado, o qual um ato virá animar, sobrecodificar, organizar, ordenar". As palavras teimam em nos colocar em análise. Estávamos na escola para agir *sobre* um coletivo ou pensar e criar *com* e *no* coletivo? Nem ato analítico, nem ato político, mas uma micropolítica.

Guattari (1986) prefere a noção de *agenciamento* que nos remete a movimentos, os quais até podem comportar atos, mas não são estes por si só que marcarão a micropolítica – nem um ato, nem a somatória de atos – mas sim os jogos de forças em relações, as composições que podem operar nas mutações, na ruptura com as lógicas reguladoras que apequenam a vida.

> Quando falo em agenciamento, não se trata nem exatamente de ato, nem exatamente de intervenção, o que não quer dizer que não passe por aí: pode passar ou não. A análise, para mim, tem de apreciar as relações de puro discernimento semiótico – sem ato, sem intervenção –, a relação com a qualidade das coisas, com os ritmos do tempo; e aí podemos incluir também a relação com atos voluntários, com intervenções que repousam sobre dispositivos complexos. A análise tem de apreciar ainda a relação com a chegada de maquinismos abstratos, de mutações de universos, que alteram inteiramente as condições de qualquer percepção, de qualquer ato, de qualquer intervenção (Guattari, 1986, p. 228).

Para Rolnik (1989), dizer que a prática de análise é política tem a ver com o fato de que ela participa da potencialização do desejo, em seu caráter processual, tratando-se de estratégias de produção de subjetividade.

Barros (2005, p.24) refere uma ação política como *ação sobre a polis, ação sobre os processos de constituição da cidade e dos sujeitos.* Se toda ação é uma atividade política por excelência como afirma Arendt (1993) e se toda ação política trata da constituição da vida, o caráter político da pesquisa se refere à dimensão ética de nossas práticas. Uma ética que, segundo Rolnik (1989), nada tem a ver com a moral, com o conteúdo de valores, mas sim com a expansão da vida.

Mais do que intervenção, talvez a ideia de intercessão possa representar melhor uma prática analítica ou micropolítica, uma prática comprometida com a produção de novas subjetividades. A intervenção sob esse eixo da ética precisa ser construída como prática transdisciplinar, operando com a criação de intercessores. Essa ideia de *intercessores* Deleuze (1992) expõe em *Conversações*, para dizer que sempre se trabalha em vários. Podem ser pessoas ou também coisas, reais ou imaginárias, relações que abram caminhos para o pensar (interferir, fazer ressonâncias). Passos e Barros (2000) referem que os intercessores operam como figuras híbridas, não podendo ser pensados fora da relação de interferência que se produz entre determinados domínios.

Trata-se de *instalar-se no entre, no meio*, uma prática *intercessora*. Se tomarmos esta direção como princípio, teremos de considerar o desafio da despsicologização de nossa prática. Desafio que nos convoca a sairmos do lugar de especialista, sem, no entanto, negarmos a posição de saber e poder inerente a toda prática. Que a intervenção seja trágica!

> Intervir é inventar é morrer é nascer. A In(ter)venção é trágica porque o destino da in(ter)venção é a sua própria morte. Se uma int(er)venção pudesse falar em nome próprio ela diria: Sou uma andarilha que dorme nas sarjetas, nos albergues, nas casas de passagem uma só vez, porque depois eu perco a força e morro de inanição. Sou híbrida, não me reproduzo, meu destino é morrer depois de cada afecção! (Kreutz, 2003: p.331).

Referências bibliográficas

Arendt, Hannah (1993). *A Condição Humana*. 6ª ed. Rio de Janeiro: Forense Universitária.

Ardoino, Jacques (1987). La Intervención: imaginário de cambio o cambio de lo imaginário? In: Guattari, F. et al. *La Intervención Institucional*. México: Plaza y Valdes, pp. 13-42.

Barros, R. B. & Passos E. (2000). A construção do plano da clínica e o conceito de transdisciplinaridade. *Revista Psicologia Teoria e Pesquisa*, 16 (1) pp. 71-79.

Barros, Regina B. (2005). A Psicologia e o Sistema Único de Saúde: quais interfaces? *Revista Psicologia e Sociedade*, 17(2): 21-25, mai/ago.

Costa, Marisa V. (2002). Pesquisa-ação, pesquisa participativa e política cultural da identidade. In: Costa, Marisa V. (org.). *Caminhos Investigativos II*: outros modos de pensar e fazer pesquisa em educação. Rio de Janeiro: DP&A, pp. 93-117.

Campos, Rosana O. (2003). A gestão: espaço de intervenção, análise e especificidades técnicas. In: Campos, Gastão W. de S. *Saúde Paideia*. São Paulo: Hucitec, pp 122-149.

Deleuze, Gilles (1988). *Foucault*. São Paulo: Brasiliense.

Deleuze, Gilles. (1992) *Conversações*. Rio de Janeiro: Ed. 34.

Deleuze, Gilles e Parnet, Claire. (1998). *Diálogos*. São Paulo: Escuta.

Figueiredo, Luís Cláudio (1995). *A militância como modo de vida*. In: Modos de subjetivação no Brasil e outros escritos. São Paulo: Escuta, p. 111-128.

Foucault, Michel (1988). *A Vontade de Saber*. Rio de Janeiro: Edições Graal, 7ª edição.

Foucault, Michel (2003) Mesa-redonda em 20 de maio de 1978. In: *Estratégia, Poder-Saber*. Ditos e Escritos IV. Organização e seleção de textos, Manoel Barros de Motta; tradução, Vera Lúcia Avelar Ribeiro. – Rio de Janeiro: Forense Universitária, pp. 335-51.

Guattari, Félix. (1992) *Caosmose - um novo paradigma estético*. Rio de Janeiro: Ed.34.

Guattari, Félix (1986) O Complexo de Infraestrutura. In: Guattari, Félix e Rolnik, Suely. *Micropolítica*: cartografias do desejo. Petrópolis:Vozes, pp. 212-232.

Guattari, Félix e Rolnik, Suely (1986). *Micropolítica*: cartografias do desejo. Petrópolis:Vozes.

Kreutz, J.R. & Axt, Margarete (2003). Sala de aula em rede: de quando a autoria se (des)dobra em in(ter)venção. In: Fonseca, Tania.G. e Kirst, Patrícia.G. *Cartografias e Devires: a construção do presente.* Porto Alegre: UFRGS, pp.319-339.

Lourau, R. (1993). Análise Institucional e Práticas de Pesquisa. In: Rodrigues, H.B.C. (org.). *René Lourau na UERJ.* Rio de Janeiro: UERJ, pp. 7-114.

Lourau, R. (2004). Implicação e Sobreimplicação. In: Altoé, Sônia (org.) (2004). *René Lourau*: analista institucional em tempo integral. São Paulo: Hucitec. pp. 186-198.

Paulon, Simone M. (2005). A análise de implicação como ferramenta na pesquisa-intervenção. *Revista Psicologia e Sociedade*, 17 (3), pp.18-25.

Rocha, Marisa L. da & Aguiar, Kátia (2003). Pesquisa-intervenção e a produção de novas análises. *Revista Psicologia Ciência e Profissão*, 23(4), pp.64-73.

Rocha, Marisa L. da (1996). *Do Tédio à Cronogênese:* uma abordagem ético-estético-política da prática escolar. São Paulo: PUC/SP, Tese de doutorado. Programa de Pós-Graduação em Psicologia Clínica.

Rodrigues, Heliana B. C. e Souza, Vera L. B. de. (1987) A Análise Institucional e a profissionalização do psicólogo. In: Saidón, Osvaldo e Kamkhagi, Vida R. (orgs.) *Análise Institucional no Brasil.* Rio de Janeiro: Espaço e Tempo, p. 17-35.

Rolnik Suely (1989). *Cartografia Sentimental:* transformações contemporâneas do desejo. São Paulo: Estação Liberdade.

Saidón, Osvaldo (2004). Análise Institucional e política hoje. In: Rodrigues, Heliana B.C. e Altoé, Sonia (orgs.) *Análise Institucional.* Saúde e Loucura nº 8. São Paulo: Hucitec, pp. 229-239.

Capítulo V

Desafios metodológicos para a pesquisa no campo da psicologia: o que pode uma pesquisa?[1]

Ana Heckert
Maria Elizabeth Barros de Barros[2]

O princípio da indissociabilidade entre ensino, pesquisa e extensão como função da universidade, foi adotado para garantir a qualidade do ensino, visando não só à produção de conhecimento, mas também sua interlocução com o tecido social em sua complexidade. Segundo Alvarez (2004, p.100), esse princípio tem tentado dar sustentação ao processo de produção acadêmica: "A universidade é o local onde se exercita o dimensionamento de um bem comum: a educação e o direito de saber. Local de formação de pessoas, cidadãos que ali exercem um dos aspectos de sua cidadania: o direito ao conhecimento".

O desafio de afirmar a indissociabilidade entre modos de conhecer e de intervir, entre ensinar e investigar, pensar e fazer, teoria e prática, são o que temos assumido nos nossos trabalhos no Núcleo de

---

[1] Estamos partindo da questão proposta por Deleuze (2002, p.24), a partir de Spinoza, que nos faz interrogar acerca das forças de naturalização que podem nos fazer sucumbir ao "deve ser assim". Neste texto, partimos da provocação de Spinoza para pensar o que temos feito como pesquisadores.

[2] Professoras do Departamento de Psicologia da Universidade Federal do Espírito Santo (UFES). (anaheckert@uol.com.br).

Pesquisas em Subjetividade e Políticas do Departamento de Psicologia da Universidade Federal do Espírito Santo. Nosso propósito nos trabalhos de pesquisa e extensão que temos realizado não tem sido traçar um perfil dos locais onde trabalhamos, particularizando-o; nem tampouco fazer qualquer juízo de valor, e sim analisar alguns movimentos que conformam o dia a dia dos diferentes espaços onde trabalhamos – seus objetos, sujeitos, relações, seus funcionamentos.[3] Estamos atentas, especialmente, ao que se produz no cotidiano das pessoas, no que se encontra naturalizado e também desmanchado seus contornos. Perseguimos uma forma de fazer pesquisa/extensão que recusa uma postura de exterioridade, quando falamos da relação do pesquisador-objeto de pesquisa, conjurando formas de produção de conhecimento que se pautam, unicamente, em quadros analíticos construídos externamente às realidades estudadas, distantes da complexidade dos processos sociais, e reforçadores de especialismos, uma vez que instituem práticas que falam pelo e/ou sobre o outro. Falamos, portanto, de uma perspectiva metodológica segundo a qual o conhecimento da realidade só pode se efetivar quando fazemos um mergulho na experiência, pois conforme Maturana (2001, p. 54), comumente falamos de ciência, tecnologia, enfim, de pesquisa, como de domínios de explicações e ações que fazem referência a uma realidade de forma a "[...] predizer e controlar a natureza". De acordo com Maturana (2001) os cientistas muitas vezes pensam e falam em controle quando a vida cotidiana nos mostra que não controlamos nada de forma absoluta. Não buscamos assim um conhecimento que permita o controle da vida e que exclui o outro e o nega.

No bojo dos processos de pesquisa no âmbito da universidade explicitam-se algumas direções ético-políticas-metodológicas para as pesquisas, dentre as quais destacamos duas. Uma delas é aquela que se configura tendo como objetivo a obtenção de um saber disciplinar que pode se constituir como veículo de dominação do mundo.

---

[3] Deleuze e Guattari (1997) não se referem a um funcionalismo apoiado na harmonia das partes que se integram homogeneamente. A noção diz respeito à ação de uma máquina em seu caráter produtor, diz do próprio processo de produção.

"Ocorre que, pretendendo dominar, acaba-se ao final dominado" (Kastrup, 2003, p. 10). Aí se configuraria uma política de produção de conhecimento despótica e opressiva que traz uma relação servil com um mundo supostamente dado, e o processo de investigação dobra-se a seus resultados, o processo se submetendo ao produto (Kastrup, 2003).

Uma outra possibilidade é manter o caráter inventivo ou problemático das formas de pesquisa/extensão que, ao não se submeter a seus resultados, abre-se à possibilidade da continuidade das intervenções, fazendo bifurcar o processo de produção de conhecimento, mantendo seu funcionamento divergente e rizomático. Evocando mais uma vez as observações de Maturana (2001), diríamos que o que explicamos é sempre uma experiência. Ao descrever o que pesquisamos, descrevemos o que se tem de fazer para ter as experiências que se quer investigar. As explicações científicas não fazem referência a realidades independentes do observador. Ou seja, toda pesquisa é intervenção que produz realidades.

O leitor, com certeza, irá identificar e/ou desconhecer muito do que aqui será apresentado, uma vez que faz referência a experiência de muitos de nós. Nosso intuito, se fosse possível orientar a leitura, é perguntar: o que o presente texto põe para funcionar? o que produz? que inquietações dispara? quais seus efeitos?

Objetivamos produzir inquietações a partir desses procedimentos ou formas pelas quais nossas histórias tornam-se verdadeiras. Almejamos exercícios de liberdade, que no viés de Foucault, é o movimento de questionamento das práticas por meio das quais somos constituídos.

Por prática, entende-se, com Foucault, um corpo de discurso e procedimentos que constrói sujeitos e objetos fazendo vigorar verdades. Têm (as práticas) caráter heterogêneo e circunstancial, ou seja, encontram-se práticas diferenciadas, permanentemente em luta, que são engendradas a partir de condições sócio-histórico-políticas pontuais (imanentes, contingentes). Sendo construídas e datadas, fazem aparecer objetos e sujeitos singulares (muitas vezes considerados como definitivos, essenciais, naturais). Esse caráter material das práticas nos convida a adentrar nesse campo do que assim é dito, o que assim é feito (dizer é fazer) para aí encontrarmos as naturalizações objetivas/subjetivas. Almejamos portanto, trazer, investigando o que as pessoas fazem, as verdades construídas, seus efeitos nas lutas que encerram.

As práticas são também anônimas e relativamente autônomas, quer dizer, não são planejadas ou dirigidas, entretanto pode-se relutar em assenti-las. É aí que se situa o exercício de liberdade; uma liberdade que é política, pois faz a análise crítica das subjetivações/ objetivações em suas verdades tácitas, possibilitando novas práticas que expandam mundos.[4]

Rompendo com uma tradição filosófica que pensa o sujeito como natureza humana – uma natureza concebida como real ou que deva ser realizada – e o objeto como um já-dado a ser descoberto pelo sujeito – que também poderia desvelar a verdade contida em si, explicitamos que sujeito e objeto são construídos ao mesmo tempo pelo o que é o fazer em relação a eles: pelas práticas.

Foucault (1979, p. 6) enseja "[...] mostrar como as práticas sociais podem chegar a engendrar domínios de saber que não somente fazem aparecer novos objetos, novos conceitos, novas técnicas, mas também fazem nascer formas totalmente novas de sujeito e de sujeitos de conhecimento [...]".

Nosso trabalho, ao invés de procurar verdades intrínsecas aos nossos objetos de estudo, é um exercício de ir estendendo na superfície as práticas que o reificam, assim como aquelas outras que rompem seus contornos. É um 'ir conectando-se' com a dispersão de acontecimentos[5] em suas múltiplas direções. Mergulhamos, então, nos interstícios dos diferentes espaços onde trabalhamos de corpo inteiro, não só de cabeça. Estamos sempre lá onde a vida se faz, para o que der e vier.

---

[4] Expandir mundos significa expandir os limites da vida modelizada.

[5] Deleuze (1988) diz que a matéria das coisas é constituída de forças; o modo como essas forças fazem composições, decompõem-se e criam novos arranjos é que o autor denomina "acontecimento".

Buscamos uma análise histórica das condições políticas de possibilidades dos discursos em seus efeitos de verdade. Propomos investigar a emergência, o ponto de surgimento no cenário de forças em luta entendendo que ninguém é responsável por uma emergência, ela sempre se produz no interstício. "O que se encontra no começo das coisas não é a identidade ainda preservada da origem – é a discórdia entre as coisas, é o disparate" (Foucault, 1979, p. 18).

Pesquisar nessa direção é afirmar nossa atenção para esses pontos difusos, dispersos, móveis, singulares por onde passa o poder. O poder, antes de tudo, não é propriedade de quem quer que seja, não é algo que se possua ou não, mais ou menos, não há um lugar privado, fonte do poder, ele exerce-se, funciona incitando, suscitando, produzindo. Poder é estratégia, relação de forças, e seus efeitos são atribuídos "[...] a disposição, a manobras, a táticas, a técnicas, a funcionamentos" (Foucault, 1977, p. 29). Como prática produz realidade e verdade. Ainda, se é relação de força, é luta permanente, já que uma força se caracteriza por estar sempre em relação com outras forças. Supõe permanentemente resistência, aqui concebida não como uma força externa que se coloca contra o poder, ela é ação na própria relação de poder. Assim, as práticas de dominação nunca estão descoladas das práticas de revolta. Do mesmo modo que não se considera "o" lugar do poder, também em relação à resistência, diz-se de pontos móveis, difusos, transitórios que se distribuem por todo campo social.

Deleuze (1988,) explicita:

[...] com efeito um diagrama de forças apresenta ao lado das (ou antes 'face às') singularidades de poder que correspondem às suas relações. Singularidades de resistência, os 'pontos, nós, focos' que se efetuam por sua vez sobre os extratos, mas de maneira a tornar possível a mudança.(p. 96).

Os dispositivos de poder produzem o indivíduo, o individual, naturalizando esse procedimento por meio de formações discursivas e não discursivas que passam a descrever, classificar, investigar o individual situando os homens em uma curva de normalidade. Individualiza-se e fixa-se o sujeito: o apto/o não apto, o fracassado/o bem-sucedido, o aprovado/o reprovado, o competente/o incompetente. Também individualiza o espaço social: o trabalho, a família, o lazer, a escola.

É a partir de problematizações que nossos projetos se iniciam. A atividade de pensar/construir a realidade implica interrogar o que se encontra instituído historicamente.

Tal um arqueólogo, buscamos explorar estratos teóricos com o intuito de encontrar restos que, quando atualizados, possam imprimir um movimento de virtualização aos estudos realizados. Um arqueólogo não sabe exatamente o que vai encontrar. Há procura. Não se trata de encontrar uma verdade, mas de atualizar uma virtualidade. Nesse caso, nossas pesquisas/intervenções buscam a identificação de certas regras de formação dos enunciados, das proposições, de certa forma de colocação do problema.

Assim, o procedimento de pesquisa/intervenção é, ao mesmo tempo, produção de saber, construção de metodologia, elaboração de princípios e invenção/construção processual do seu caminho, abandonando certas vias e criando outras.

As perguntas que fazemos, portanto, são: como estão operando as relações sociais? que efeitos de sujeito estão produzindo? que modos de subjetivar estão em curso no contemporâneo? como criar alternativas para as demandas que hoje se formulam nos diferentes âmbitos do tecido social? Pensar nossos objetos de investigação é cartografá-los[6] a partir da ideia de poder reinventá-lo nos seus objetivos, instrumentos, formas de divisão e organização, pois a história dos humanos é a história dos seus modos de produção de mundos e esses últimos, por sua vez, forjam modos de subjetivação.

A importância de enveredar por esse caminho se deve à necessidade de interrogar os diferentes processos de subjetivação

---

[6] Cartografar tem aqui, o sentido de acompanhar os movimentos de construção das paisagens no cenário social.

engendrados nos meios sociais em que vivemos, vislumbrando a produção de outras formas-homens/mulheres, na contramão das estratégias de sobrecodificação implementadas pela lógica do capital. A possibilidade de criação de formas de subjetivação em ruptura com os processos em curso no capitalismo depende dos agenciamentos que se produzem nas situações experimentadas, não havendo garantias *a priori*. Perseguindo esse propósito, é preciso buscar a elaboração de instrumentos teóricos/ metodológicos, em diferentes campos do saber, para compreender a vida humana em sua dimensão de invenção permanente.

A maneira como buscamos abordar os modos de produção da existência afirma que os processos de subjetivação são múltiplos, heterogenéticos e podem resistir às diferentes tentativas de modulações que visam à homogeneização das formas de existência dos humanos. Conforme, Rolnik (2002, p. 34), é preciso "[...] criar alianças entre práticas que desertam ativamente a máquina de sobrecodificação e inventam outras cenas, colocando em rede sua sinergia e ativando sua potência de singularização; inserir-se no movimento de reativação da força de invenção a contrapelo de seu esvaziamento vital, da neutralização de seu poder crítico". Os modos de gestão do cotidiano engendram muitas possibilidades de modos de subjetividade, outros possíveis de subjetivação. Ao renormatizar suas formas de vida os humanos inventam formas de cooperação e uma certa relação a si[7] num incessante processo de criação. É esse o caminho que temos perseguido.

Memória e resistência: fabricando interferências na escola

Temos uma trajetória de trabalhos de intervenção socioanalítica em escolas públicas, e nestes trabalhos nos pautamos na perspectiva de

---

[7] Gostaríamos de reafirmar que a ideia de *si* aqui utilizada não se refere a processos de fechamento numa interioridade ou a qualquer forma de intimismo, e sim à possibilidade sempre colocada de diferir do que se cristalizou em nós.

transformar para conhecer. Acompanhamos o "lema" institucionalista de que a gênese teórica não precede a gênese social, ao contrário, caminham juntas, ou seja, conhecer e intervir são planos indissociáveis. Tal princípio ético-estético-político nos traz como questão vislumbrar as redes com as quais a escola se conecta, por entender que o isolamento da escola alimenta hierarquizações e especialismos que nada contribuem para fazer da escola uma usina de criação. Ou seja, no lugar de se atentar apenas para os usos prescritos da escola, sempre nos interessaram os usos cotidianos que se fazem neste e com este espaço. Porém, nossas intervenções sempre iniciaram a partir da escola e de seus profissionais para, posteriormente, tentar traçar outras vinculações deste espaço com as redes e movimentos sociais. Com a pesquisa "A luta por escola pública: memórias e invenções cotidianas"[8] decidimos iniciar de um outro modo, ou seja, cartografar os movimentos de luta por escola e daí partir para a escola já tendo, ainda que precariamente, vislumbrado as teias de relações nas quais a escola encontra-se mergulhada.

Nosso objetivo nesta pesquisa tem sido captar as batalhas protagonizadas pela população e profissionais da educação pela ampliação do acesso e no enfrentamento do sucateamento da escola pública. Neste sentido, o trabalho de pesquisa compreende dois eixos que se entrecruzam: um eixo diz respeito à cartografia das lutas por escola pública por meio de entrevistas com lideranças comunitárias, profissionais da educação e com moradores das regiões de Nova Rosa da Penha e Padre Gabriel – Cariacica/ES, configuradas como áreas de ocupação urbana; e o outro eixo abrange entrevistas com profissionais, estudantes e pais de duas escolas públicas municipais localizadas nessas mesmas regiões. Como muitos dos bairros do município de Cariacica, estas duas regiões se organizaram em torno da luta por moradia. Neste segundo eixo nos propomos a experienciar

---

[8] Esta pesquisa é coordenada por uma das autoras deste artigo, Ana Lucia C. Heckert e contou com a participação de um bolsista de iniciação científica, Fernando G. Dorsch (Bolsista Facitec), e seis graduandos em psicologia que atuam como pesquisadores voluntários, a saber: Ana Paula Zandonadi, Bianca Izoton Coelho, Ludmilla Ferraz, Margareth Bergamin, Priscila Roldi e Rodrigo Scarabeli.

o cotidiano escolar e problematizar o processo de sucateamento da escola. Portanto, além das entrevistas realizadas efetivamos grupos de discussão com os alunos, reuniões com profissionais e direção da escola.

Os fios que tecem nossa pesquisa entrelaçam as noções de memória, resistência e gestão, compreendendo-as como dispositivos potentes para interpelar o processo de sucateamento da escola pública e a invisibilização das movimentações cotidianas[9] por escola. Do nosso ponto de vista, essas movimentações podem interferir na ampliação do caráter público da escola. Por isso, escovar a contrapelo (Benjamin, 1997) as histórias que permeiam a luta por escola pública é um recurso que nos possibilita interpelar as políticas do esquecimento que tornam opacos os enfrentamentos e os embates em torno da democratização da escola e os movimentos instituintes que irrompem no cotidiano escolar.

A noção de memória que utilizamos entende que esta não é um instrumento de acesso a um passado já dado, mas o meio que permite escovar esse passado acentuando virtualidades que não se atualizaram (Benjamin, 1997). Trata-se de entender o caráter poroso da memória, ou seja, sua abertura infinita à criação de outros sentidos que nos mostra que nada está decidido ou estagnado de modo definitivo. Escovar a história a contrapelo significa romper com os marcos da memória identitária – uma espécie de mapa geográfico com sentido único a ser vivenciado e perpetuado – que desqualifica e silencia embates. Assim, compreender a memória como meio nos possibilita fagulhar histórias infames, silenciadas e desqualificadas como sub-produto, como reação opositora que apenas denuncia, uma vez que as lutas silenciadas não se esgotam e nem são destruídas de forma absoluta.

Um outro fio que tece nosso trabalho diz respeito aos processos de resistência, aqui entendidos como reexistência, ou seja, invenção

---

[9] Algebaile; Heckert (2002) utilizam o termo movimentações cotidianas formulado por Sader (1988) para destacar ações difusas, imprevisíveis e disruptivas que se diferenciam daquelas ações institucionalizadas e reconhecidas como movimentos sociais organizados.

de outros modos de existência que afirmam a inesgotável potência de criação que constitui o vivo. Conforme Foucault (1985) destacou, as resistências não são ações de heróis ou personagens ilustres, mas efeitos nas práticas anônimas que afrontam práticas instituídas e regimes de verdade. Assim, apreender esses exercícios de resistência impõe atenção não apenas aos resultados ou êxitos advindos dos afrontamentos, mas às práticas forjadas nesses processos, aos modos de invenção de si que engendram. Práticas de resistência são aquelas que não atendem exclusivamente ao prescrito, mas que no fazer cotidiano esboçam outros modos de ação que se irradiam e se conectam a outras práticas desafiadoras das hierarquias e destinos selados como sina.

Na vida cotidiana, as micro gestões estão mergulhadas em história e falam de usos inusitados que os humanos fabricam para lidar com imprevisibilidades. Acentuar as lutas em detrimento à adaptação nos possibilita compreender os usos que são feitos da escola e os movimentos engendrados para não só garantir o acesso a este espaço, mas para ocupá-lo enfrentando os processos de privatização da escola e da vida. Um outro aspecto a destacar em nossa opção por focalizar as lutas em curso nos movimentos sociais e na escola é que esta perspectiva nos permite perceber que o cotidiano escolar combina repetição e criação; atendimento a normas prescritas e criação de outras normas. Essa mirada ético-política tem como perspectiva confrontar-se a certos modos de compreensão da escola e dos movimentos sociais que ressaltam a impotência, a repetição, a adaptação e a docilização como processos predominantes na escola pública e nos movimentos sociais na atualidade. Tais perspectivas acabam por totalizar alguns processos como se eles dissessem tudo sobre o que se dá nesses espaços.

O que temos percebido é que quando a atividade encontra-se constrangida por regulações, normas sem sentido, desqualificações de toda ordem, o que vigora é o tédio e a desistência. Mesmo assim, se lançamos mão de uma análise micropolítica do trabalho que se processa nas escolas e do cotidiano de vida da população, nos deparamos com microgestões, conforme falamos anteriormente apoiadas em Schwartz (2000), microdesvios que expressam a potência de ação do humano de variar.

As políticas de gestão que aqui aludimos dizem respeito a um modo de compreensão de gestão que não se confunde com administração, como também não se esgota nos mecanismos institucionalizados de participação. Possibilitada ou não pelos gestores, sempre há processos de gestão em ação quando a atividade humana está em cena, mesmo quando nos deparamos com procedimentos rígidos e autoritários de gestão da escola e das políticas governamentais. Seguindo Schwartz (2000), a gestão não é tarefa de especialistas e se exerce onde há variabilidade e história, engendrando modos de agir, de fazer o trabalho, de organizar a escola. As políticas de gestão se constituem em um campo de forças em luta em que a submissão, o controle e o clientelismo não são absolutos.

Quando interligamos memória e resistência com políticas de gestão queremos assinalar que nos embates pelo exercício do direito à escola são fabricados modos de existência que imprimem outros sentidos à escola, ao mesmo tempo em que interferem nos rumos das políticas governamentais. Entretanto, essa capacidade normativa do vivo (Canguilhem, 2001), sua potência de criação de normas que problematizam as já existentes, é pouco compreendida não só por muitos daqueles que ocupam os espaços instituídos de gestão, bem como por algumas análises que ainda privilegiam a ação do Estado na formulação das políticas públicas de educação, ou aquelas concepções que ainda vigoram no campo da psicologia e que se mantêm voltadas para o diagnóstico do insucesso escolar.

A nossa proposta de pesquisa parte de um princípio ético--estético-político que visa compreender as lutas por escola partindo dos seus protagonistas. Objetivamos indagar algumas concepções instituídas que partem da compreensão de que a organização precede a luta e que o alvo das lutas por escola tem como foco exclusivamente o Estado. Não podemos negar a importância das políticas governamentais e da responsabilidade do Estado no atendimento do direito à escola pública. Porém, nos parece possível afirmar que essas lutas se delineiam não apenas para cumprir o acesso e a garantia de um direito, mas principalmente por entender que a escola é um espaço estratégico a ser ocupado.

Nos embates em torno do acesso à escola e da permanência nesse espaço, os procedimentos clientelistas e autoritários, ainda em voga em nosso país, são enfrentados pela população, bem como as práticas recorrentes de individualização e culpabilização pelo desempenho escolar. Como afirma Spósito (1993, p. 145), a "ilusão fecunda" que permeia a luta por escola pública é um exercício de resistência às políticas privatistas e autoritárias do Estado brasileiro. Consideramos de fundamental importância atentar para aquelas práticas em curso nas escolas e nas movimentações cotidianas que enfrentam as políticas de sucateamento da escola e da vida, recusando uma escola piedosa, espécie de "depósito de sobrantes" (Castel, 1997), e os prognósticos de fracasso das camadas populares na escola e na vida.

As movimentações cotidianas em Cariacica[10]

Nas entrevistas realizadas foi possível perceber que a infraestrutura urbana dos bairros em que realizamos a pesquisa foi organizada a partir de intensos processos de reivindicação. Entretanto, tais ações são silenciadas e o que ganha destaque é a ação governamental. Percebe-se, também, um certo movimento de burocratização das lutas que se intensifica ao final dos anos 90. A luta por escola incidiu, prioritariamente, na garantia ao acesso à escola e secundariamente nas condições em que este acesso se dá o que, por sua vez, interfere nas condições de permanência na escola. O que se pode perceber é uma

---

[10] O nome Cariacica vem do tupi e significa "chegada do branco". Seus primeiros habitantes foram os índios Goitacazes. É um dos mais importantes municípios da região denominada Grande Vitória, principalmente em termos populacionais. Com uma população estimada de 349.811 habitantes, segundo dados do IBGE de 2004, e ocupando 280 km² de extensão territorial, Cariacica tem o segundo menor Índice de Desenvolvimento Humano (IDH) do estado do Espírito Santo.

rede escolar sucateada tanto nos aspectos de infraestrutura física, quanto nos aspectos político pedagógicos. Ainda que o acesso à escola seja propagado como universalizado, o mesmo não está garantido para todos. Seja pelo processo desordenado de expansão da rede física escolar – em virtude de práticas clientelistas e populistas, seja porque o acesso à escola está estreitamente relacionado ao transporte urbano, seja pelo intenso processo de migração da população pelo território em busca de melhores condições de vida e trabalho. A continuidade dos estudos se vê ameaçada porque a população não dispõe de recursos financeiros para arcar com os custos do transporte (não há passe livre no estado do Espírito Santo). Mesmo com todas essas questões não registramos até o presente momento movimentos sociais organizados discutindo de forma expressiva as condições de estudo e de trabalho docente em Cariacica. Frente a isso nos indagamos: então não há luta por escola?

O olhar minucioso do cotidiano escolar e da população nos levou para outras considerações. Em uma das escolas em que estamos realizando a pesquisa, um casal construiu uma carteira para que os filhos pudessem estudar, uma vez que a escola não dispunha de vagas por falta de carteiras de alunos. Entendemos que este fato expressa, emblematicamente, a luta por escola em Cariacica. Ao mesmo tempo, vários outros expedientes são criados pela própria população ou pelos profissionais da escola para que os alunos não desistam de permanecer neste espaço. A carona no ônibus para os professores é um destes expedientes, pois reduz o percurso que fariam a pé, ou até mesmo diminui o gasto financeiro com o transporte, fazendo com que decidam por permanecer na escola.

Um dos desafios cotidianos é desmontar e enfrentar as políticas de desistência que tomam professores e alunos e que se traduzem nos preconceitos de toda ordem que permeiam o cotidiano das escolas, na burocratização do trabalho escolar, na solidão dos profissionais para lidar com os problemas cotidianos que emergem nas escolas, no restrito apoio às ações de formação dos profissionais, no fechamento das escolas à participação dos pais, na violência cotidiana enfrentada pela população, dentre outras tantas questões.

Nas entrevistas realizadas pudemos perceber um forte burburinho que vai deixando os rastros das lutas da população pela melhoria das condições de vida. Nessas lutas entrecruzam-se, principalmente, a atuação das igrejas com os movimentos populares e o movimento sindical. As comunidades eclesiais de base (CEBs), que surgiram nos anos 70, ainda têm uma atuação forte neste município, ou seja, ainda é um importante espaço de discussão e mobilização, e dela emergiram algumas lideranças comunitárias e políticas. Entre os focos de luta assinalados figuram, principalmente, a moradia, a saúde, as questões ambientais, o transporte e a educação. Ou seja, são as questões que emergem do cotidiano de vida nesta cidade que movimentam as lutas por melhorias das condições de vida.

> É, nós temos vários movimentos. Eu acho que Cariacica é um dos poucos municípios onde ainda você vê essas bandeiras a serem levantadas. Acho que devido a ser muita pobreza, muito sofrimento. E engraçado, a preocupação da maioria, a maioria analfabeta, era com a escola. A educação era matéria primeira, antes da saúde. Se eu não tenho, eu não quero que os meus também sejam desprovidos. (Liderança comunitária)

As lutas por educação parecem não se constituírem como foco prioritário para os movimentos em geral, todavia comparecem como um dos focos de ação do movimento da associação de mulheres. Essas mulheres expressam que o sucateamento da escola pública acentua os processos de exclusão social. Outros movimentos têm como questões principais as lutas por moradia e saúde, colocando-as como necessidades mais urgentes por entenderem que se constituem como questão de sobrevivência. Porém, nesses movimentos a luta por escola também se insinua e aparece atrelada a outras reivindicações, ou seja, se entrecruza às lutas por moradia, aos embates por acesso ao transporte, aos serviços de saúde, saneamento (água, esgoto etc.), eletricidade, cultura, e lazer, às lutas pela duplicação da rodovia que atravessa o município e pela implantação de semáforos e faixas de pedestres, às reivindicações de ampliação das linhas e horários de ônibus como forma de garantir a permanência dos professores na escola etc.

As lutas no campo da educação pública: anúncios e denúncias

Quando iniciamos a pesquisa, nos dirigimos à Secretaria Municipal de Educação com o intuito de coletar documentos que mostrassem reivindicações e solicitações da população por assuntos relativos à educação – construção de escolas, ampliação, melhorias do espaço físico, recursos pedagógicos, dentre outros. Verificamos, porém, que tal documentação inexistia e, segundo depoimentos colhidos, as reivindicações não chegavam a ser oficializadas, dado que essas demandas, quando atendidas, ocorriam por meio de troca de favores com os vereadores e os prefeitos. Além da documentação, buscamos apreender como se organizava o sistema educacional do município. Até hoje as escolas existentes em Cariacica não atendem à demanda populacional. Por exemplo, no bairro de Nova Rosa da Penha com 71.000 habitantes, existem apenas cinco escolas, sendo apenas uma vinculada à Secretaria Municipal de Educação. Na região de Padre Gabriel há uma única escola municipal de ensino fundamental e não dispõe de escola de ensino médio.

As ampliações que aconteceram nos últimos anos, com a abertura de novas escolas ou o aumento de vagas, se deram de forma precária, com a utilização de dependências de igrejas, lojas alugadas e outros espaços cedidos para uso temporário, como um estábulo e uma granja. Desse modo, os depoimentos indicam uma rede municipal de ensino sucateada e abandonada pelo poder público.

Na rede municipal de Cariacica você tem escolas funcionando em anexos. Os anexos são casas que as pessoas alugam. Em 2002, nós fizemos uma pesquisa das condições de trabalho [...]. Tinha uma escola que funcionava numa estrebaria, um local de criação de cavalos que servia para guardar os cavalos à noite e de manhã funcionava a escola; algo que eu não imaginava nunca encontrar. Depois de uma denúncia que o Conselho Tutelar fez ao Ministério Público, fecharam a escola e colocaram no fundo de uma Igreja, que também era assim, um porão. Também não era ali que tinha que funcionar uma escola. E depois conseguiram fechar... migrar essas crianças dando transporte, né... Colocaram essas crianças numa outra escola do Estado e da Prefeitura. Mas as condições colocadas realmente são feias demais. *(Entrevistada)*

Em relação aos mecanismos de gestão democrática, ainda não há eleição para diretores de escola em Cariacica. Os conselhos de escola, de acordo com alguns depoimentos, têm um funcionamento majoritariamente burocrático, e segundo muitos entrevistados até 2004 a maioria funcionou. Nas entrevistas realizadas é ressaltado que a escola configurou-se como um dos maiores espaços utilizados para o conhecido "cabide de emprego". Tais práticas reforçam a descontinuidade das políticas públicas em educação, em virtude do alto rodízio de professores, diretores e demais funcionários que atuam nas escolas. O número de servidores públicos concursados é mínimo: por exemplo, nas duas escolas em que realizamos a pesquisa havia em uma delas dois funcionários concursados, na outra apenas um, e os demais têm um vínculo de contrato temporário de trabalho por 12 meses. Ao final do ano de 2005[11] foi efetuado, pela gestão atual da secretaria de educação, um concurso público para docentes efetivos que devem assumir seus cargos ainda em 2006. Tal situação acentua a vulnerabilidade da escola intensificando as políticas de desistência. Boa parte dos professores contratados não reside

---

[11] Em 2004 uma frente de esquerda elegeu o novo prefeito de Cariacica que evocou na campanha eleitoral seu compromisso de ruptura com modos de gestão verticalizados e marcados pelo clientelismo.

no município e, tampouco, tem familiaridade com os bairros onde atuam e isso faz com que o fechamento da escola com relação aos moradores seja ainda maior. Nos depoimentos colhidos, foi ressaltada a luta por ampliação do acesso à escola. Contudo, junto deste acesso, as condições de permanência na escola continuam como um desafio para a população. Conforme relatado por uma das entrevistadas

> Por que lutar por acesso a gente luta, muito, agora dar condições de permanência na escola é que são elas. Por N problemas: falta de estrutura, falta de condições, desmotivação. A questão das precárias condições de trabalho e de ensino, né. É inadmissível você ter um mundo lá fora tão bonito, e dentro da escola um mundo tão feio, tão sujo, né? Imagina, o mundo traz uma tecnologia a cada ano e a escola ainda convive com o famigerado... mimeógrafo. Então não tem acesso a computador, não tem acesso a nada. Então, que condições são essas de permanência na escola? A gente luta muito pelo acesso, mas as condições colocadas não são muito diferentes. *(Entrevistada)*

As estratégias usadas na luta por escola, além das que mencionamos anteriormente, incluem ocupação de construções não finalizadas, abaixo-assinados, realização de matrículas pela população forçando a criação formal da escola, levantamento do número de crianças e jovens sem escola, eleição de diretores pela população e envio dos nomes aos secretários de educação, mutirão para efetivar melhorias nos prédios escolares, criação de pré-vestibulares alternativos funcionando em escolas públicas. Uma das lutas mencionadas envolve o nome das escolas – nas que foram construídas com mobilização intensa da população, a manutenção do nome escolhido pelos moradores é uma forma de manter viva a memória das lutas e reafirmar a dimensão coletiva desses exercícios de resistência.

Memória das lutas desenha paisagens na terra de ninguém[12]

A ilusão fecunda que permeou o fluxo migratório para Cariacica insiste no cotidiano de vida dos moradores. As movimentações cotidianas neste município nos indicam que a máquina do Estado, operando por um viés clientelista e autoritário, privatiza direitos transformando-os em dádiva ou favor. O fio da navalha dessas lutas indica um tensionamento importante: como garantir que essas políticas governamentais sejam assumidas e experimentadas como políticas públicas. O que está em jogo, quando falamos que as lutas por educação têm a potência de ampliar o sentido público da escola, é a dimensão coletiva das políticas públicas. Ou seja, o caráter público não se reduz ou coincide com o estatal, uma vez que nele se afirma a experiência concreta dos coletivos.

Contudo, um dos maiores desafios é enfrentar e desmontar as políticas de desistência forjadas no cotidiano escolar e que capturam alunos, professores, familiares e movimentos sociais acentuando o sucateamento da escola pública. Denominamos políticas de desistência aquelas práticas marcadas pelo fatalismo e impotência e permeadas por pré-conceitos de toda ordem que fortalecem a produção do fracasso escolar e a despotencialização dos profissionais da educação. Na verdade, tais políticas se constituem em meio ao sucateamento da escola pública, e tomam parte na intensificação de uma espécie de "escola dos pobres" (Algebaile, 2004).

As histórias infames que temos cartografado realçam que os movimentos instituintes não surgem em redomas de vidro e que "sua potência criadora depende de nossa capacidade de reconhecê-los" (Linhares, 2000, p. 170). É nas margens do clientelismo e do populismo que tais movimentos irrompem, provocando fissuras e torções na máquina do Estado. Observamos, com os caminhos que temos trilhado

---

[12] Terra de ninguém é uma expressão utilizada por vários moradores da Grande Vitória ao se referirem a Cariacica.

em Cariacica, que interferir nos modos de fazer da escola talvez seja um dos maiores desafios que se colocam. Nossa intenção é percorrer os rastros, os vestígios dessas lutas por escola, buscando perceber quais fissuras têm operado no cotidiano escolar. Acompanhar a trajetória dessas lutas, os efeitos provocados, torna-se fundamental para problematizar certo desinteresse atribuído à população pela escolarização de seus filhos, bem como assertivas que ressaltam a impotência e a apatia das camadas populares frente ao sucateamento da escola pública, e a falta de perspectiva quanto às mudanças nas condições de vida. Por enquanto, os exercícios de resistência que temos cartografado indicam que nem tudo está dominado, que não é a apatia e a descrença que apenas têm vigorado em Cariacica.

O acesso à escola e o enfrentamento do seu sucateamento tem sido objeto de movimentação da população em Cariacica, o que pode contribuir para desmistificar concepções naturalizadas que postulam haver um desinteresse da população e dos estudantes com relação à escola pública na atualidade. Porém, a existência da escola, da forma como o poder público estabelece as políticas educacionais, acaba sendo também expressão de hierarquia e ratificação de desigualdades sociais. Ainda que a participação da população, por meio das ações que efetiva, não signifique, necessariamente, mudança ou alteração das relações de saber-poder (Aguiar, 2003), podemos pensar que suas movimentações cotidianas são procedimentos ativos contra as desigualdades sociais e a favor de novas possibilidades de vida. Neste processo, se constituem novos modos de produção da existência passíveis de desmontar as armadilhas do fatalismo e da tutela. As movimentações da população por educação pública em Cariacica, explicitadas nos dados da pesquisa que realizamos, seja por canais instituídos e organizados, seja por movimentos pontuais, espontâneos e voláteis, explicita os jogos de poderes e resistências forjados em seu cotidiano (Foucault, 1985). Os dados da pesquisa reafirmam que o olhar sobre as lutas não pode ficar circunscrito apenas por análises macro-políticas, descoladas de sua coexistência com processos moleculares que produzem rastros, os roncos e vestígios das lutas em sua potência disruptiva e produtora de singularização. É na coexistência desses processos – macro e micropolíticos (Deleuze & Guattari, 1997) – que as lutas têm insurgência, por isso é preciso estar atento para os gritos ditos infames e insignificantes que, esgarçando os limites instituídos, imprimem novos contornos nas formas de luta e nas práticas que se desenrolam no campo da educação pública. Nas experiências tecidas nas lutas sociais, são formuladas novas indagações e exigências com relação aos modos de participação social e política, provocando efeitos também no campo educacional, ou seja, nas práticas pedagógicas efetivadas no cotidiano escolar.

O Programa de Formação em Saúde, Gênero, Etnia e Trabalho no município da Serra/ES

A pesquisa/intervenção desenvolvida com docentes do município da Serra/ES foi disparada a partir dos resultados encontrados num primeiro momento de um processo investigativo realizado no município de Vitória/ES, que indicava um agravamento da situação da saúde dos professores desse município. Partimos da premissa que constatar o adoecimento instalado nos docentes parece bem mais simples que mapear os movimentos de saúde, as lutas diárias empreendidas por esses trabalhadores. Os resultados do processo investigativo em Vitória sinalizavam o descaso das políticas públicas no que se refere à atenção sobre a saúde dos docentes e as condições precárias de trabalho nas escolas. "Os professores estão imersos em um conflito cotidiano entre o que é exigido, o que desejam e o que realmente é possível fazer diante dos obstáculos, das condições e organização atual do trabalho na educação" (Barros, Marchiori & Oliveira, 2005, p.147). Mas não nos bastava afirmar a situação de nocividade. Ambicionávamos muito mais! O desafio é contribuir para a transformação dessa realidade, uma vez que apostamos que o movimento do real indica esse processo de transformação que prefigura e configura as formas de trabalhar na escola que favoreçam as nascentes do devir. Como nos indica Marx, a transformação da sociedade reside no movimento do real, portanto é o que acontece na escola que nos indica esses possíveis, ou seja, a emergência dinâmica do novo (Zourabichvlli, 2000). Só temos o possível quando o criamos.

Foi com esse desafio que elaboramos um programa que tem se desenvolvido com o apoio da Secretaria Municipal de Educação da Serra/ES, do Programa de Pós-Graduação em Educação e do Sindicato dos Trabalhadores em Educação, e partiu da premissa de que a questão da saúde no trabalho não tem sido alvo das políticas públicas no campo da educação do Estado – tais questões vêm sendo muito pouco discutidas e não recebem o tratamento que a gravidade da situação nos indica.

O Programa de Formação em Saúde, Gênero, Etnia e Trabalho nas escolas tem por objetivo instituir um espaço de trocas e debates entre os pesquisadores da UFES e os profissionais da Educação, acerca das relações entre saúde e trabalho problematizando esses conceitos a partir do cotidiano experimentado pelos professores e professoras. A fim de que esses profissionais possam intervir de maneira continuada na difusão, prevenção e controle de riscos à saúde relacionados ao trabalho nas escolas, e produzir formas outras de relações que possibilitem a construção de modos diferentes de trabalho, o referido programa propõe uma discussão ampliada entre os trabalhadores das escolas e a equipe técnica da universidade, onde todos são considerados pesquisadores e produtores de novas formas saudáveis de pensar e agir no cotidiano dos ambientes laborais. Pretendemos, dessa forma, identificar as estratégias já existentes que os trabalhadores/docentes das escolas públicas da Serra criam para se defender da nocividade do ambiente de trabalho, e ao mesmo tempo fomentar novas práticas que viabilizem a produção de saúde e vida nas escolas.

O município da Serra foi priorizado não só pelo contexto político que favoreceu uma parceria com a Secretaria de Educação, mas principalmente pela situação atual do município que, conforme divulgado na mídia nacional, foi considerado o município mais violento do país. A situação de precariedade preocupante nesse município e a situação de vulnerabilidade desses trabalhadores nos levaram a fazer essa escolha.

Para a implementação do projeto utilizamos o método Análise Coletiva do Trabalho. Tal método consiste em criar grupos de trabalhadores que devem explicar a pesquisadores sua atividade, isto é, o que fazem no seu trabalho. Partimos da tese de que formar trabalhadores que possam multiplicar as ações no campo da saúde-trabalho não significa, simplesmente, instrumentalizá-los com metodologias inovadoras no campo da educação, mas principalmente investir na produção de subjetividade.[13] Acreditamos que o dispositivo grupal é uma estratégia privilegiada nesses processos, configurando-se como um rico instrumental para uma reorganização dos processos de trabalho no campo da educação e suas relações com a saúde. Dessa forma, o projeto privilegia a nucleação de trabalhadores, o que serve como disparador de novas montagens nos/para os educadores, desdobrando-se em efeitos benéficos para a saúde desses profissionais. Tal metodologia tem se efetivado através das seguintes etapas:

Etapa 1: *a) Contato com a secretaria de educação da Serra, com o sindicato dos trabalhadores em educação e divulgação do curso de formação nas escolas:.* A divulgação do projeto de formação foi intermediada pelo sindicato. O primeiro contato com a rede municipal de ensino efetivou-se através de uma reunião com todos os diretores dos estabelecimentos de ensino do referido município. O encontro ocorreu numa escola de um dos bairros da Serra e contou com a presença do grupo de pesquisa do NEPESP, de diretores de todas as escolas de ensino fundamental do município (46) e com a Secretaria de Educação, representada por uma de suas diretoras.

---

[13] O conceito de subjetividade utilizado nessa pesquisa não tem o sentido de identidade ou personalidade, refere-se a modos de existência produzidos no marco da história.

Falamos um pouco da história do nosso grupo de pesquisa na luta por melhorias no campo da educação no município de Vitória na década de 90 e o desdobramento desse processo para o município da Serra. Destacamos o aumento de licenças médicas nas escolas do Estado e, portanto, a importância do Programa de Formação como estratégia para reverter esse quadro. Destacamos, também, o caráter não obrigatório do curso.

Todos os diretores se mostraram interessados na proposta do Formação e parabenizaram a iniciativa, argumentando que a UFES está muito distante das comunidades. Finalizando o encontro a metodologia do curso foi apresentada. As escolas foram dividias nos três turnos para realizarmos as primeiras visitas, marcando dias e horários disponíveis, visando à apresentação da proposta para os demais docentes das escolas e o preenchimento de uma ficha de inscrição para o trabalhador/a que representaria a escola no Programa.

A carga horária do Programa foi de 120 horas sendo assim distribuídas: 22 horas presenciais, 80 horas de trabalho de campo e 20 horas para a realização de um relatório sobre a experiência vivida.

O curso, primeira fase do programa, se constituiu de discussões sobre as temáticas: comunidades ampliadas de pesquisa, saúde, trabalho, formação, gênero e etnia e no último encontro foi realizada a discussão e definição dos focos para o trabalho de campo que seria realizado após o curso.

Etapa 2: a) *Inicio do curso e formação da comunidade ampliada de pesquisa* (CAP). Essa etapa envolveu a reunião/nucleação de trabalhadores em torno da problemática saúde-trabalho com vistas à condução das atividades de pesquisa. Trata-se da formação dos grupos ampliados de pesquisa, conforme o paradigma do modelo operário italiano[14]. Esse processo se efetivou por meio de oficinas de produção

---

[14] Nos anos 60 na Itália conviviam um contexto sócio-econômico de crescimento, pleno emprego e aumento da produção, baixos salários, parcialização imposta do trabalho, aumento da desqualificação e desgaste psicofísico da mão de obra. As lutas informais foram retomadas nas fábricas e o movimento sindical, marcado por um crescimento, propunha um projeto de transformação da sociedade

de conhecimento e discussão dos temas relacionados na programação definida. Os grupos se reuniram em dois fins de semana para discussão de textos e intercâmbio de materiais com pesquisadores envolvidos no projeto, possibilitando outras análises e construção de novas práticas que possibilitem a transformação do trabalho nas escolas. A metodologia das oficinas se efetivou através de três momentos: a exposição da temática prevista por um dos pesquisadores da UFES, a formação de cinco grupos que eram coordenados pela equipe da universidade e um último momento onde eram socializados os debates nos pequenos grupos.

As análises e propostas dos grupos foram organizadas em temas recorrentes a todos, como se segue: construção de espaços de debates na escola, por meio da liberação dos alunos, sem que eles percam carga horária; reformulação estatutária para resolver muitos dos problemas enfrentados nas escolas; produção de uma discussão ampliada na escola para que o professor deixe de ser considerado responsável por todos os problemas da escola; mobilização do professorado; dificuldades de lidar com o alunado – agressões, violência, limitação na apropriação do conteúdo programático; relação com o sindicato dos professores, considerada bastante precária; análise do que está acontecendo na escola; compartilhamento das questões do cotidiano de trabalho; cursos para capacitação do professorado; autonomia – liberdade de trabalhar, criação coletiva de normas de convivência; sofrimento no trabalho; análise do que mais emperra o trabalho dos professores – tempo para dar conta da todas tarefas; tema saúde como um direito para

---

articulando luta operária com mudanças conduzidas por outros movimentos sociais organizados. Foi nesse cenário que se constituiu um grupo composto por operários, estudantes e cientistas que colocavam em questão os papéis tradicionais de todos esses atores, analisando a organização do trabalho e os problemas de nocividade da fábrica. Esse grupo deu início às comunidades ampliadas de pesquisa que, através do confronto entre o conhecimento produzido por pesquisadores e trabalhadores, propunha uma nova concepção de pesquisa. Trata-se de uma forma original de pesquisa-ação em torno do tema das mudanças das condições de vida e trabalho que chamou de "pesquisa não ritual" porque alterava os métodos da pesquisa tradicional, uma vez que todos os atores se tornariam coautores da pesquisa, portadores de saberes específicos e, no caso dos trabalhadores, de "saberes informais", conforme denominavam a experiência.

se poder movimentar; violência nas escolas; defesas para enfrentar, de forma organizada, uma ação em defesa da vida; prescrições presentes no ambiente de trabalho, destacando o papel delas como limitadores da autonomia e criação no trabalho do profissional; projeto político pedagógico como mecanismo importante para interferir na escola, instrumento de procedimento coletivo; carga horária excessiva como aspecto adoecedor, luta sindical por uma jornada de 40 horas; força do instituinte presente no ambiente de trabalho"; comunidade ampliada de pesquisa como estratégia para discussão de alguns problemas da categoria.

A partir das discussões nos grupos foi possível destacar o fato do docente ter essa potência para criar normas e combater a nocividade dos ambientes de trabalho. É preciso acreditar que existe um movimento, uma força geradora, por parte de indivíduos, ou grupos, organizados, ou não, que muitas vezes não ganha visibilidade.

O segundo momento do trabalho

A partir da experiência no primeiro módulo, o grupo de pesquisadores da UFES realizou uma avaliação que visava a pensar na metodologia que seria utilizada no segundo módulo. Consideramos que os grupos menores produziram um movimento mais interessante, uma vez que a discussão no grupo ampliado se esvaziou e os pequenos grupos possibilitam que as falas circulem de forma mais potente. Por outro lado, a análise do processo vivido indicou que os grupos não saíram muito da 'queixa conduta'. Como criar estratégias para sair desse lugar vitimizado e produzir uma postura propositiva? Quais mecanismos utilizar para não calar aqueles que, muitas vezes, monopolizam a fala e permitir que outras falas se ergam?

A partir dessas questões, decidimos repensar a metodologia: como socializar de forma mais efetiva no grupo ampliado e como evitar a formação de guetos? Começar o segundo módulo com uma análise coletiva, onde os professores também pudessem fazer suas análises, foi uma alternativa.

Segundo módulo

Com base nas avaliações do grupo de pesquisa da UFES o segundo módulo teve um novo desenho metodológico: o encontro foi iniciado com uma análise coletiva da experiência do primeiro módulo e, em seguida, os temas previstos – formação, gênero e etnia – foram debatidos, tendo como dispositivo disparador textos produzidos pela equipe da UFES e dramatização de situações tendo como direção os temas estudados.

Ao final do encontro ficaram definidas as formas de desdobramento da pesquisa até o final do ano de 2005.

Etapa 3: *a) Retorno dos trabalhadores às escolas para estudo de campo:* nas discussões no segundo módulo os docentes escolheram como foco para ser explorado nos estudos de campo com os outros colegas das escolas, a **sobrecarga de trabalho**[15]. Para cada grupo em campo foi constituída uma equipe de pesquisadores do projeto que acompanhou o estudo auxiliando os trabalhadores. Como estratégia de pesquisa os educadores utilizaram observações, entrevistas, leituras de documentos, diário de observações de campo, fotografias e filmagens, dentre outros. *b) Restituição das análises e discussão dos estudos realizados com a comunidade ampliada de pesquisa:* após os estudos de campo os educadores retornaram para os encontros com a comunidade ampliada a fim de trazer subsídios para uma análise coletiva das situações de trabalho. Discutindo essas análises seria possível construir estratégias coletivas de monitoramento das condições de saúde e da organização do trabalho nas escolas. *c) Realização de seminários e eventos na conferência municipal e estadual de saúde realizadas no Estado e no fórum social capixaba.* Visamos, ainda, a partir do trabalho realizado, organizar um seminário com a presença

---

[15] Deparamo-nos aqui com um problema que surge ao definirmos "sobrecarga" de trabalho: quando a carga de trabalho é excessiva? Podemos, de maneira didática, definir sobrecarga como o trabalho que adoece, que paralisa e endurece as relações, neste caso, no trabalho do educador e, portanto, fundamental considerar as particularidades das situações.

de instituições governamentais por uma melhor gestão da situação da rede educacional.

Etapa 4: *a) Elaboração do relatório parcial:* ao término do curso de formação os trabalhadores/docentes apresentaram os relatórios de pesquisa. Esses relatórios, elaborados em forma de painéis, foram apresentados no início do ano letivo para toda a rede municipal de ensino da Serra. Esse dispositivo visou contagiar outros professores e outras escolas para a participação na CAP/Serra de forma a se criar uma grande rede que possa subsidiar a constituição de uma comissão de saúde dos trabalhadores da educação da Serra.

Como a CAP nos ajuda a pensar as lutas nos locais de trabalho?

O Programa de Formação e Investigação em Saúde e Trabalho nas escolas da Serra nos indicou a importância de ações no campo das articulações saúde/trabalho na educação que não se expressem como gerenciamento preventivo dos riscos provenientes do trabalho nas escolas. Não se trata de fazer prevenção mapeando riscos, vigiando, criando equipes de referência constituídas de especialistas antecipando a emergência de acontecimentos indesejáveis (Castel, 1986, p.154). Saúde, da forma como entendemos, não está relacionada com segurança contra o risco, mas como formas de enfrentar nossas dificuldades e compromissos. A conquista e ampliação desses meios é uma tarefa ao mesmo tempo individual e coletiva (Czeresnia, 2003).

Destacamos, ainda, a ilegitimidade das políticas de saúde e educação preocupadas em alcançar um equilíbrio ou um estado de bem-estar do coletivo de trabalhadores da educação. A partir do Programa de Formação/Investigação em Saúde e Trabalho nas escolas, foi possível problematizar verdades instituídas, pautadas em uma ética diversa e resistente à lógica capitalista que sempre esteve associada a uma perspectiva valorativa referente àquilo que é considerado como desejável em um determinado momento e em uma determinada sociedade, dizendo como um processo deveria ser. Tais práticas se constituem como elemento disciplinador e regulador, que se aplica ao corpo e às populações e que permite controlar a ordem do corpo e os fatos de uma multiplicidade humana (Foucault, 1992).

O programa nos sinalizou, enfim, para a importância de se buscar um modo de produção de conhecimento que se efetive a partir da construção de "[...] um espaço de diálogo crítico sobre a atividade de trabalho nas escolas" (Athayde & Brito, 2003, p. 56). A CAP procura instituir-se como um recurso para reinscrever de outro modo o vivido nos estabelecimentos educacionais, afirmando que o constrangimento das atividades dos docentes por regulações/ prescrições autoritárias/verticalizadas que desconsideram o caráter inventivo do fazer dos humanos, faz imperar o tédio institucional e a descrença na possibilidade de mudança. Entretanto, quando operamos com uma análise micropolítica do trabalho nas escolas, nos deparamos com microgestões, modos inventivos de estar no trabalho que expressam a potência criadora dos viventes humanos de produzir diferença, recusando modos de produção/reprodução do mesmo, e que muitas vezes se impõe como forma de funcionamento predominante nas escolas.

Referências bibliográficas

Aguiar, K. F. (2003). *Ligações perigosas e alianças insurgentes:* subjetividades e movimentos urbanos. Tese (Doutorado em Psicologia Social) – Programa de Pós-Graduação em Psicologia Social, São Paulo: Pontifícia Universidade Católica.

Algebaile, E. (2004). E*scola pública e pobreza*: expansão escolar e formação da escola dos pobres no Brasil. Tese (Doutorado em Educação) – Programa de Pós-Graduação em Educação, Niterói: Universidade Federal Fluminense.

Algebaile, E. B. & Heckert, A. L. C. (2002). Formação e mudança: reflexões compartilhadas. *Revista Teias*. Rio de Janeiro: Faculdade de Educação da UERJ. ano 3, n. 5, jan./jun, p. 46-55.

Alvarez, D. (2004). *Cimento não é concreto, tamborim não é pandeiro, pensamento não é dinheiro!* Para onde vai a produção acadêmica? Rio de Janeiro: Myrrha.

Athayde, M., Britto, J. & Neves, M. Y. (2003). (Org.). *Cadernos de método e procedimentos*. João Pessoa: Universitária.

Benjamin, W. (1997). *Charles Baudelaire um lírico no auge do capitalismo*. Obras escolhidas, v. III. São Paulo: Brasiliense.

Barros, M. E. B., Marchiori & F. Oliveira, S. P. de. (2005). Atividade de trabalho e saúde dos professores: o programa de formação como estratégia de intervenção nas escolas. *Revista Trabalho, Educação e Saúde*, v.3, n, 1, p. 143-170.

Canguilhem, G. (2001). Meio e normas do homem no ambiente de trabalho. *Proposições*, v. 12, n. 2-3, p. 109-121, jul./nov.

Castel, R. (1986). *La gestión de los riesgos*. Barcelona: Anagrama.

Castel, R. (1997) As transformações da questão social. In Wanderley, L. E. *Desigualdade e a questão social*. São Paulo: Educ.

Czeresnia, D. (2003). O conceito de Saúde e a diferença entre prevenção e promoção. In: Czeresnia, D., Freitas, C. M. de (Org.). In *Promoção da saúde*: conceitos, reflexões, tendências. Rio de Janeiro: Fiocruz.

Deleuze, G. (1988). *Lógica do sentido*. São Paulo: Perspectiva.

Deleuze, G. (2002). *Spinoza: filosofia prática*. São Paulo: Escuta.

Deleuze, G. & Guattari, F. (1997). *Mil Platôs*. V.5. São Paulo: Editora 34.

Foucault, M. (1979). *Microfísica do poder*. Rio de Janeiro: Graal.

Foucault, M. (1977). *Vigiar e Punir:* o nascimento da prisão. Petrópolis: Vozes.

Foucault, M (1985). *História da sexualidade* - v. 1. Rio de Janeiro: Graal.

Foucault, M. (1992). *Genealogía del racismo*. Buenos Aires: Altamira.

Kastrup, V. (2003). *Competência ética e estratégias de resistência*. Palestra proferida no Simpósio Estratégias de Resistência e criação no XII Encontro Nacional da ABRAPSO – A invenção do Presente, Porto Alegre.

Linhares, C. (2000). Professores entre reformas e reinvenções educacionais. In Linhares, C. (Org.). *Os professores e a reinvenção da escola*. São Paulo: Cortez.

Maturana, H. R. (2001). *Cognição, ciência e vida cotidiana*. Belo Horizonte: UFMG.

Rolnik, S. *A vida na berlinda*.<http://www.uol.com.br/tropico/ensaio>. Acessado em 5 de junho de 2002.

Sader, E. (1988). *Quando novos personagens entram em cena*. São Paulo: Brasiliense.

Schwartz, Y. (2000). *Le paradigme ergologique ou un métier de Philosophe*. Toulouse: Octarès.

Spósito, M. (1993). *A ilusão fecunda*. São Paulo: Hucitec/Edusp.

Zourabichvili, F. (2000). Deleuze e o possível (sobre o involuntarismo na política). In Alliez, E. (Org.). *Giles Deleuze*: uma vida filosófica. São Paulo: Editora 34, p. 333-356.

Capítulo VI

Plantão institucional: um dispositivo criador

Adriana Marcondes Machado[1]

Cena

Em uma sala de atendimento do prédio denominado Centro de Atendimento Psicológico (CAP), no Instituto de Psicologia da Universidade de São Paulo (IPUSP), entram 14 pessoas. Doze são educadoras (professoras, coordenadoras, diretoras) de uma escola pública de São Paulo. Eu e Yara Sayão somos psicólogas do Serviço de Psicologia Escolar do IPUSP, um dos serviços públicos desse Centro de Atendimento.

Todos se sentam e começamos uma conversa que durará cerca de duas horas.
Yara pergunta: Então o que temos para hoje?
Professora: Havíamos ficado de discutir o caso de um menino da 4ª série com o qual não temos conseguido trabalhar.

---

[1] Psicóloga do Serviço de Psicologia Escolar do Instituto de Psicologia da Universidade de São Paulo. Mestre e doutora em psicologia social pelo IPUSP. (adrimarcon@uol.com.br).

Às vezes a situação trazida para debate é sobre a relação que os educadores têm estabelecido com a comunidade, às vezes é sobre o processo de discussão dos princípios e normas com os alunos da escola. Um dos grupos atendidos pelo Plantão Institucional é de coordenadoras de escolas públicas de uma pequena cidade do interior de São Paulo, que têm trazido as discussões que andam fazendo com as professoras de lá: querem debater a função, os objetivos e os impasses da coordenação em relação ao que as professoras vivem na sala de aula. Existem também grupos de psicólogos contratados pelas Secretarias de Educação de municípios próximos a São Paulo que relatam questões sobre a maneira como estabelecem suas práticas nas escolas e sobre as ações referentes à formação que realizam com os professores.

A maioria dos grupos é formada por professoras de escolas públicas, que conseguem, com agenciamentos internos, vir à Universidade de São Paulo uma vez por mês. Às vezes essas professoras consideram nosso encontro fazendo parte do horário de atividades de planejamento ou de reunião coletiva previsto no calendário escolar. Outras vezes participam apenas as professoras que podem vir fora do expediente. Priorizamos que os encontros sejam dentro do horário de trabalho e tenham caráter optativo.

Como esse dispositivo de atendimento, que chamamos de Plantão Institucional, pode nos ajudar a pensar sobre a relação da psicologia com a educação e sobre o cotidiano escolar?

Um pouco da história da construção desse dispositivo – lutamos contra o quê?

No Serviço de Psicologia Escolar uma de nossas funções é organizar o estágio de alunos que cursam as disciplinas relacionadas à psicologia escolar. Vamos às escolas e discutimos com os educadores as dificuldades e as problemáticas presentes na instituição. É comum relatarem dificuldades para ensinar e educar algumas crianças (problemas de aprendizagem e de comportamento), como também é frequente levantarem a hipótese de que tais dificuldades ligam-se a problemas familiares. Nossa intenção é, com os projetos que vamos definindo, produzir mudanças nas práticas cotidianas[2] e aprimorar a formação dos alunos de psicologia que fazem estágio nas instituições educativas. Durante esses trabalhos e com os contatos que fomos estabelecendo com nossas produções acadêmicas, alguns profissionais passaram a nos procurar na USP para conversarmos sobre acontecimentos do dia a dia escolar. Essa procura foi se tornando frequente, por isso estabelecemos alguns horários para atender às pessoas. Pareceu-nos potencializador esse tipo de encontro em que, na própria USP, no Serviço de Psicologia Escolar, nos reunirmos com grupos de educadores para conversar sobre a escola. Quando essas conversas acontecem nas escolas, elas são atravessadas por muitos fatores. Ser psicólogo e estar na escola, como já dissemos em outros momentos, é uma faca de dois gumes: produz-se a necessidade de atendimentos individuais, reforça-se a ideia de problemas emocionais, alimenta-se a ideia de patologias individuais, intensifica--se a ilusão de que o psicólogo pode convencer os alunos e familiares a agirem de uma maneira diferente. Isso tudo também depende de como o psicólogo ocupa o lugar que, imaginariamente, lhe é atribuído pelos educadores. Ele pode, por meio de sua ação, confirmar ou não as crenças presentes no campo social e produzidas historicamente.

Ser professora de 1ª a 4ª série de uma escola pública e estar ao lado de um psicólogo é já habitar uma relação na qual prevalece a produção das seguintes intensidades:

- A professora tem a esperança de que saibamos decifrar o enigma do porquê de seu aluno não aprender ou agir de certa maneira. E que uma vez decifrado o enigma, o problema estaria resolvido. Essa relação psicólogo-educador tem produzido esperanças ilusórias. Não é à toa que existem tantos projetos de lei reivindicando a contratação de

---

[2] Apresentamos o percurso dessas atividades nas escolas no capítulo intitulado "O psicólogo trabalhando com a escola: intervenção a serviço do quê?". In Meira e Antunes (2003) *Psicologia escolar: práticas críticas*. São Paulo: Casa do Psicólogo.

psicólogos para trabalharem nas escolas públicas, em vez de fortalecer as reivindicações por melhores condições de trabalho do professor, o que implicaria melhores salários, menos alunos por sala de aula, maior tempo para estudo e discussão e maior poder dos educadores nas decisões.
- Nasce a crença de que as faltas são de ordem individual e que é possível preencher o que falta. Como se a falta de disciplina, atenção, esforço e concentração dos alunos e a falta de dedicação dos pais acontecessem por uma certa falta de vontade de mudar e lutar. Não são raras as sensações relatadas pelas professoras de que os pais das crianças não querem cuidar delas e que esse querer poderia ser controlado por vontade própria. Também é comum haver críticas a algumas professoras de que não se esforçam, como se a elas faltasse vontade de exercer suas funções. Ora, nessa corrente que defende a necessidade de força de vontade, ganha poder o discurso sobre a necessidade de melhoria da autoestima. Um discurso competitivo e perigoso que tenta convencer de que precisamos acreditar e gostar mais de nós mesmos individualmente. Nesse território, o psicólogo surge como aquele que poderia persuadir os sujeitos a consumirem um pouco mais de boa vontade e esforço produtos que estariam em falta.

Corremos, portanto, o risco de intensificar as produções de falta nos territórios que habitamos. Esse é um dos efeitos da dominação que se estabelece nas instituições onde trabalham especialistas, pesquisadores e cientistas.

Já temos somado muitos anos de luta contra as avaliações psicológicas que reduzem os sujeitos a objetos mensuráveis e contra as práticas discriminatórias exercidas pela saúde e pela educação em relação às crianças com deficiências.[3] Esta luta é respaldada no estudo

---

[3] "Avaliação psicológica na educação: mudanças necessárias." In *Psicologia e educação: desafios teórico-práticos*, Tanamachi, Proença & Rocha. (Orgs.). (2000). São Paulo: Casa do Psicólogo, "Avaliação e fracasso: a produção coletiva da queixa escolar". In *Erro e fracasso na escola: alternativas teóricas e práticas*, Júlio Aquino (Org.). (1997). São Paulo: Summus.

de muitos autores (Patto, Saviani, Bourdieu), que desvendaram os caminhos pelos quais a psicologia foi sendo constituída, mostrando-nos as relações a serviço da desigualdade social que foram sendo estabelecidas entre as ciências, a política e a economia.

Nesse território fomos focalizando o funcionamento das relações nas quais os psicólogos agem, mostrando que os sujeitos encaminhados fazem parte do jogo de forças dessas relações. Como ter acesso a esse jogo de forças, sair do corpo das crianças encaminhadas e perceber as práticas e os saberes presentes no engendramento dos encaminhamentos?

Causa-nos espanto no território escolar o congelamento das relações, a impossibilidade de cada educador se ver no movimento de produção daquilo que acontece. Como se as ações e as práticas não engendrassem subjetividades. Assim, Severino[4], 7 anos, 1ª serie, ficou uma hora e meia (90 minutos!!!) copiando o cabeçalho. Apagava, escrevia, suava. Queria que a frase "Hortolândia, 29 de maio de 2000" coubesse em uma linha apenas, tal como estava escrito na lousa e como entendera que era para ser feito segundo a orientação da professora, que havia dito para copiar como estava na lousa. Ele disse: *"A linha da lousa é grande e a do caderno é pequena"*. Depois de uma hora e meia, a professora percebeu que ele nem copiara nem fizera a lição escrita na lousa. Com isso, Severino vai ocupando o lugar de quem não faz nada. Nada? Depois de uma hora e meia de luta!! Daí por que algumas falas, como *"Você não está fazendo nada"*, *"Olha como seus amigos estão mais adiantados"*, *"Já falei que não é para fazer desse jeito"*, vão se tornando pequenas flechadas. Também vão sendo lançadas flechadas quando, em nossos discursos, dizemos que, se nossas intervenções não produzem mudanças, é porque o grupo de professoras foi resistente ao trabalho. Culpas. Flechadas dadas quando não percebemos que muitos dos dispositivos criados pelos especialistas intensificam as esperanças, ilusões e faltas.

---

[4] *Cadernos escolares na primeira série do ensino fundamental: funções e significados*. Dissertação defendida por Anabela Almeida Costa e Santos no Instituto de Psicologia da USP, em 2002.

Portanto, nossa luta foi se constituindo contra a naturalização dos encaminhamentos, das queixas, dos diagnósticos individualizados que, como tantos autores já demonstraram, culpabilizam as vítimas. Tarefa nada fácil esta, pois quando falamos em saberes e em práticas que naturalizam, falamos da construção de modos de viver, de sentir, de ver, de ouvir. Modos que, sem dúvida, tivemos que romper em algum momento de nossa história, pois também estivemos, em algum tempo, mergulhados nessas crenças.

Quando algo não sai conforme o esperado na escola, um dos mecanismos desenvolvidos é a produção de culpados: culpas sobre o aluno, a família, o sistema de ensino, o professor. O processo de culpabilização tem relação com o processo de individualização, em que o campo social e político é visto como algo exterior à maneira de o sujeito viver. A realidade psíquica e a realidade material de produção social passam a ser vistas como distintas. Esse mecanismo de controle está presente na sensação que os professores, psicólogos e educadores têm de que falta algo que é descolado do campo social, como se fosse um "em si": *"Ele precisaria respeitar mais", "Ele teria que elaborar melhor essa situação".* Ora, o que está sendo vivido é efeito desse campo de forças múltiplas. Algo que, do encontro das forças, se tornou necessário, e não algo da ordem do acidental. Pensando assim, também temos que rever a postura de alguns especialistas que, ao recusarem uma demanda por acreditarem que ela esteja carregada de preconceitos e estigmatizações, resistem a trabalhar com as forças implicadas nessa demanda. Tudo fica sendo recusado e não se dá visibilidade às forças que agem sob a hegemonia de uma representação[5]. Demandar que um psicólogo avalie quem o sujeito é, que atenda o aluno de uma escola, pois do contrário, não será permitido que ele a frequente e a outras mais..., necessita que acessemos muitas produções presentes nesse tipo de demanda – uma delas, a crença de que encaminhando o aluno para um especialista se estaria fazendo algo que poderia ajudar. Muitos educadores aprenderam historicamente que isso seria ajudar.

---

[5] Ver Deleuze, G. (1988). *Diferença e Repetição*. Rio de Janeiro: Graal.

O desafio é conseguir fortalecer esse campo enfraquecido no qual tem dominado esse tipo de funcionamento. Isso exige que criemos dispositivos[6] que permitam fazer novas conexões, valorizar produções desconsideradas, agir de maneira que novas possibilidades contaminem esse campo de relações.

Nosso trabalho tem buscado as responsabilidades dos envolvidos no processo ensino-aprendizagem (inclusive a nossa) a fim de ampliar a compreensão de todos para poder multiplicar as intervenções/ações de cada um na relação com o aluno, incluindo também as ações de outras instâncias e de profissionais fora da escola, quando necessário. Essa possibilidade de responsabilização perante a produção de culpados implica uma mudança no campo de forças que afetam os educadores. Implica conseguirmos agir no que havíamos chamado de congelamento dos afetos.

Nossa intervenção visa, portanto, ter acesso às forças, às intensidades, presentes na formulação de uma queixa, de uma prática, de um fenômeno a ser investigado, de uma maneira de viver os acontecimentos. Para quê? Para, nessas forças, produzir encontros (somos forças também) que intervenham no enfraquecimento do grupal, do coletivo, entendendo como grupal um campo de problemas atravessado por questões sociais, políticas e desejantes.

Plantão Institucional foi o nome que demos a esse dispositivo de atendimento criado para produzir coletivamente desconstruções de saberes instituídos, reflexões das práticas, criação de novas possibilidades para combater a produção das ilusões em muitos trabalhos realizados nas escolas. Questionamos as chamadas práticas bem-sucedidas oferecidas por alguns especialistas – quando muito, elas servem para aliviar as tensões institucionais, mas a produção dos fenômenos contra os quais se quer intervir continua a mesma. Inabalada.

---

[6] Ver Deleuze, G. (1988). *Foucault*. São Paulo: Brasiliense.

Criação de novos espaços e tempos

Aprendemos, em nossas idas às escolas públicas de São Paulo, que o pedido de ajuda das professoras em relação a certos alunos tem como desafio transformarmos em tema institucional, isto é em uma questão na qual se dê visibilidade ao campo de forças implicado no sistema escolar e em seus atores, aquilo que se tornou atributo individual – ou seja, em uma questão que parece apenas relacionada a um indivíduo: "a criança que bate", "o aluno que tem problemas de saúde", "a criança que não aprende". Em nossas conversas com as professoras buscamos pesquisar a produção desses fenômenos – a produção do bater, do não aprender etc., pois é no processo de produção que conseguimos estabelecer conexões com saberes e práticas em que pretendemos intervir.

Para isso é necessário sair do território individualizado e naturalizado e buscar a expansão do campo problemático, ir para o território do múltiplo. O modo de fazer isso está na produção coletiva, na criação de espaços e tempos nos quais as professoras possam compartilhar saberes, multiplicar hipóteses, desequilibrar as crenças que sustentam os fazeres. Portanto, precisamos de uma atmosfera, um clima de conversa e discussão no qual essas produções possam se dar. E isso depende de nossos posicionamentos, da maneira de acolher, compreender e intervir no discurso trazido pelas professoras. Para essa atmosfera se instalar, é preciso criar condições para que as enunciações possam se dar.

Se esses espaços e tempos estão reduzidos ou dificultados na instituição, se as políticas inventadas assujeitam os atores da instituição, então a potência de troca e a criação de saberes ficam reduzidas. Não há segredo. Disso sabemos faz muito tempo. O funcionamento das discussões, sem tempo, recorre ao improviso. Outro dia, em uma escola, houve uma festa do Dia das Crianças e as professoras comentaram que ocorreram os mesmos problemas da festa do ano anterior. Não haviam avaliado a festa do ano anterior e nem pensado em propostas. Como uma das professoras disse, *"Quando vimos, já tínhamos que organizar a festa para a semana seguinte".*

Aprendemos que essas ambivalências – ser autoritário ao mesmo tempo que se sente desautorizado, pedir ajuda ao mesmo tempo que se acredita que não há soluções possíveis para certas crianças, querer participar das discussões nas reuniões de professores na escola e ficar ocupado com correção de tarefas e outras atividades – revelam a necessidade de criação de outros espaços e tempos.

Modo de trabalhar no Plantão Institucional: contrato e procedimentos

Atendemos grupos de profissionais de uma mesma instituição educativa ou de um mesmo grupo de trabalho. Esses grupos vão à USP uma vez por mês, durante cerca de duas horas, para discussão das práticas ocorridas na instituição[7]. O trabalho é necessariamente feito em grupo. Em cada encontro definimos o que poderia ser discutido no próximo e, algumas vezes, acontecimentos na escola exigem que se alterem os rumos das discussões.

Vejamos algumas novas disposições que esses encontros produzem:
- Nesse contrato há maior disponibilidade para ouvir e discutir os vários olhares perante o mesmo fenômeno, isto é, para escutar e se posicionar em relação ao que se escuta.

---

[7] Iniciamos o atendimento do Plantão Institucional em 1998. Até final de 2005, atendemos grupos de profissionais de:
- 15 escolas públicas de ensino fundamental
- 10 secretarias municipais de educação (Embu, Guarulhos, São Paulo, Mauá, Carapicuíba, São Bernardo, Barueri, Angatuba, Suzano, Guarujá), formados por técnicos (psicólogos, psicopedagogos, fonoaudiólogos) que trabalham nessas secretarias
- 5 instituições educativas públicas de ensino infantil
- 3 casas abrigo
- 1 conselho de direito
- 14 projetos educativos de associações, fundações, universidades
- 2 instituições de atendimento complementar à escola

- Sabemos que alguém de fora da instituição (como nós, coordenadoras deste trabalho) tem maior capacidade de se surpreender e de produzir indagações ante o que é dito, naturalizado, vivido. Mas essa capacidade não é algo individual. Falamos sim de um tipo de relação que intensifica o espanto. Intensifica, pois vamos criando um espaço de questionamento do instituído. Um exemplo que nos chamou a atenção foi ouvir algumas professoras de uma EMEI (Escola Municipal de Ensino Infantil), nos contar que as festas de aniversário das crianças eram comemoradas na escola. As mães traziam bolo, salgados, sucos e às vezes até lembrancinhas. Os efeitos desse tipo de acontecimento eram as comparações entre as festas das crianças, com expectativas de que houvesse lembrancinhas... O fato de aquele ser um dia especial para um colega da classe tornava-se secundário. Esses relatos foram produzindo indagações: o que esse dia tinha de pedagógico? E assim fomos conversando sobre as diferenças entre o mundo público e o mundo privado, e sobre os vários acontecimentos na escola que privatizam o mundo público – entre eles as comemorações do Dia das Mães e dos Pais.

Potencializamos nossa capacidade de discutir e de ampliar nosso foco, ou melhor, a partir dos relatos que os profissionais trazem sobre os alunos podemos perceber as várias forças que estão em jogo constituindo aquilo que focamos.

Uma história do Plantão Institucional

Contaremos um pouco dos antecedentes da cena que relatamos no início: o primeiro dia de um grupo que atendemos já 14 vezes (estão conosco há um ano e quatro meses). Apresentaremos também algumas discussões e reflexões construídas com esse grupo. Nossa intenção aqui é singularizar, em uma história com um grupo, aquilo que temos defendido e feito.

Demandas e hipóteses

Iniciamos o trabalho apresentando nossa função: melhorar a qualidade da educação pública. Nessa apresentação muitas vezes referimos os conhecimentos que nos levaram a criar esse dispositivo, incluindo neles a relação saúde-educação. Apresentaremos a seguir trechos de alguns diálogos que mantivemos com as educadoras desse grupo intercalando algumas considerações.

Depois da apresentação, Yara (coordenadora) pergunta: Quais questões os trazem aqui? O que tem acontecido na escola e que chama a atenção de vocês?

Professora 1: *Tenho uma grande angústia. Para que meus alunos da 5ª à 8ª série façam coisas, eu tenho que ser autoritária. Parece que, para eles, escola e vida são coisas totalmente diferentes.*

Professora 2: *Meus alunos parecem um furacão. Envio bilhetes para conscientizar os pais e os chamo na escola. Nada tem adiantado. Tem muita violência e acho que isso tem relação com o fato de os pais serem violentos com eles. Às vezes a gente tem que colocar mãe dentro da sala para o filho não bater nos colegas. As crianças vão piorando conforme vai passando o tempo.*

O diálogo está difícil na escola. Não dá para conversar e algumas professoras necessitam da presença da mãe para garantir que não haja violência. Os profissionais da escola atribuem importância ao diálogo e não conseguem dialogar. Como trabalhar isso com a equipe antes de pensar na questão com os pais?

Adriana (coordenadora): Talvez possamos ajudar a pensar como se produz a necessidade de relações violentas. Isto é, o que foi acontecendo que foi produzindo essa necessidade? Como instaurar outro modo de relação que respeite a palavra?

Contam a grande rotatividade de diretores que houve na escola: em dois anos, cinco diretores. Novamente nos chamam atenção as regras do cotidiano da educação pública – as atribuições nas quais alguns diretores ficam poucos meses no estabelecimento esperando a chance de escolher outra escola, professoras que são efetivas e passam a ter o direito de assumir classes mesmo estando no final do ano. Os efeitos nas crianças e no grupo de professores/funcionários da escola, quando essas coisas ocorrem, são intensos. Uma das questões aqui discutidas é que esses fatos são pouco relacionados ao que produzem, isto é, é comum questionar-se o comportamento agressivo de crianças de certa 1ª série sem fazer menção à história vivida por essa série. Ou, em outros momentos, justificando-se os acontecimentos como se os mesmos fossem determinações diretas de fatos isolados. Sabemos que uma primeira série que teve várias professoras tem o vínculo e o trabalho com os alunos dificultados. Isso deve ser considerado. Não é causa direta.

Sempre procuramos trazer à tona a produção dos processos de subjetivação que vão sendo engendrados nas cenas que nos relatam, atentos também às práticas tão fragmentadas que ocorrem no dia a dia. Por exemplo, em nosso segundo encontro com esse grupo, uma das professoras nos contou que em alguns momentos opta por pedir que a criança saia da sala de aula quando não consegue fazê-la respeitar as regras. A criança sai da sala e lá fora não tem ninguém que olhe por ela, ou que dê continuidade a essa estratégia. De quem é o aluno que está no corredor? O que ela (professora) esperaria que acontecesse com esse aluno fora da sala de aula? Se o grupo de professoras não conversa sobre essa estratégia, ela fica aprisionada às crenças individuais sobre o que seria uma atitude adequada.

Um tema: a produção do agredir

Essas cenas que produzem necessidades tão intensas, como retirar um aluno da sala de aula, foram direcionando nossa discussão para a questão dos conflitos e da agressividade.

Yara: Na escola as crianças apresentam conflitos. O que ocorre que achamos tão ruim intervir nos conflitos? O conflito exige uma resposta. Para quê intervirmos no conflito?
Professora: Para apaziguar. Está muito difícil lidar com conflitos, eles são muitos e bastante intensos. As crianças se batem, se xingam.
Adriana: As crianças estão dando uma resposta que causa danos a quem sofre a agressão e causa danos a quem é agredido.

E as professoras foram nos contando sobre as relações de poder entre os alunos, em que um quer mandar mais que o outro e utiliza agressões para conseguir isso. Passamos a pensar então nessas relações agressivas: como recorrer à função educativa da escola para aprender valores tais como respeito? como recorrer ao que a escola pode fazer com respeito a essas produções? como se aprende a ter atitudes de respeito?

Fomos discutindo com as professoras a maneira como o aprendizado se dá: pela experiência, pela ação. E isso nos remete a pensar os vários espaços da escola. A autoridade do professor na sala de aula é imprescindível, mas não dá conta de todos os espaços da escola.

Professor: Antes era diferente. Acho que hoje tem crise da autoridade do professor.

Novamente essa questão nos remete a pensar se estamos falando de um ou outro professor que não tem autoridade, ou de um funcionamento institucional sobre o qual teríamos que nos debruçar. As professoras falaram da falta de professores, dos alunos que ficam desassistidos nas aulas vagas, do uso de telefone celular (por parte dos alunos e também de alguns professores) durante algumas aulas.

Adriana: Como produzir uma regra coletivamente? Quais as diferentes necessidades para se estabelecer regras segundo a faixa etária das crianças?

Relação escola/comunidade

Nos encontros seguintes foram surgindo questionamentos sobre se seria ou não necessário conhecer melhor a população para poder pensar em intervenções nas atitudes agressivas. Quando essa demanda aparece, muitas vezes ela está relacionada ao fato de as professoras defenderem que pais participem mais, venham mais, queiram mais.

> Professora: *Temos um Projeto Político Pedagógico (PPP) intitulado "Cuidando de nós, cuidando do mundo, identidade e cidadania". Mas não conseguimos fazer reuniões com os pais para que eles participem desse projeto.*
>
> Yara: *Teríamos que pensar se, muitas vezes, não seria mais fácil olhar para fora do que para dentro. Pensar dentro seria pensar como têm sido as reuniões para discussão do PPP. Que atividades e temas por faixa etária têm sido criados? Como cada um está realizando esse projeto e como avançar nisso? Por que seria tão essencial a participação dos pais?*

E começamos a pensar a relação escola/comunidade. Pensar essa relação implica aprofundarmos nos fazeres institucionais referentes aos pais. Já dissemos em outros textos que não raro as professoras lançam a hipótese de que as mães (ou pais) estão impotentes para cuidar dos filhos, pois dizem não conseguir educá-los. As professoras/coordenadoras as chamam para conversar e depois desses encontros as mães saem mais impotentes do que antes. Que produção é essa? A crença é a seguinte: conversando com a mãe (ou pai) sobre o fato de que ela deveria ficar mais próxima do filho, olhar suas lições, conversar com ele, essa proximidade então poderia acontecer. O efeito em algumas mães é o sentimento de que se a escola, com pessoas especializadas em educação, não consegue ensinar o filho, como ela, mãe, vai fazer? Muitas vezes querendo repartir a responsabilidade, as professoras nos relatam situações em que perdem a autoridade.

Yara: Para que se chama a mãe? O que se diz? Dependemos, precisamos ou contamos com a conversa com os pais?
Professora: Temos situações onde a presença da criança na escola fica submetida à vinda dos pais. Se os pais não vierem, ela não entra. O problema é que às vezes os pais vêm e é pior, a criança apanha em casa.
Yara: O que podemos fazer com a criança? Como fazê-la descobrir que essa não é a única maneira de se relacionar?

Uma professora polivalente[8] da 5ª série nos contou que os combinados estavam sendo frequentemente desrespeitados. Por exemplo, meninos que chupam pirulito na sala de aula com o argumento de que uma outra professora, de 1ª a 4ª série permitia. As posições de diferentes professores são pessoais? Como tornar os critérios institucionais?

Passamos a conversar sobre as diferenças entre discursos nos quais as professoras dizem *"Aqui não pode comer na sala, pois eu não quero por isso ou aquilo",* ou *"Nesta escola não pode...".* Essa tirania do EU - "eu quero", "eu gosto" -, também tem possibilitado que nossos alunos digam a seus professores, por exemplo, *"Eu só vou fazer educação física se tiver futebol".* Sem discussão coletiva que afirme valores, os alunos e professores individualizam as necessidades.

Regras e princípios da escola: a fronteira entre o individual e o coletivo

Chegamos então no seguinte tema: a escola não havia construído suas regras em grupo. Como estabelecer princípios comuns? As regras são negociáveis, os princípios não. Como defender para que as regras estabelecidas sejam cumpridas? Para discutir essas questões,

---

[8] Uma única professora para todas as matérias, comum no ensino de 1ª a 4ª série.

o tema a ser conversado seria as relações de poder na escola: quem diz o que pode e o que não pode?

> Yara: *Como vocês gostariam de discutir esse assunto? Por meio do quê faríamos essa discussão?*
> *Professora:* Acho que poderíamos começar falando do que temos feito. Temos discutido medidas educativas, pensando em um regimento para os alunos.

Como problematizar isso, que parecia tão natural, "um regimento para os alunos"? Voltamos à questão sobre a relação entre as atitudes dos alunos e o fato de diferentes professoras terem diferentes princípios embasando suas ações. Um regimento específico para alunos reforçava a ideia de que os alunos são a causa das dificuldades. Durante nosso trabalho vamos elegendo situações/acontecimentos que merecem questionamentos, como este sobre um "regimento para alunos".

> *Professora:* Eu tinha dúvidas sobre isso. Um regimento para alunos, e não para todos? Acho que o regimento deve ser para todos e depois a gente especifica o que é de cada um: professores, agentes escolares, alunos.
> Professora: *Também temos que pensar o que fazer quando ocorre transgressão. Já banalizamos muito isso: chamamos pais para coisas pequenas, à toa.*

Essa passou a ser a tarefa dos encontros seguintes: discutir o processo de construção do regimento da escola. Como discutir os princípios que orientariam os vários procedimentos da escola? Que atitudes tomar enquanto se geria o regimento: o que propor, o que impor, o que mediar? A questão do público e do privado tomou conta das discussões: a cultura privatizante ocupando o território escolar, os discursos "eu quero", "eu acho melhor" dominando. Como as ações da escola promovem ou não o direito de aprender?

Algumas necessidades foram colocadas pelas professoras: incluir os funcionários/agentes escolares na discussão, definir atividades para conseguir discutir com os alunos sobre os princípios, incluir a discussão dos direitos no currículo, falar com os pais sobre a construção do regimento na reunião de pais seguinte.

Durante o tempo dessa discussão, chegou uma nova diretora. Essa diretora, juntamente com as duas coordenadoras que já frequentavam os encontros, fazia parte de uma equipe técnica bastante engajada e comprometida. Nossos encontros eram registrados por elas e discutidos com as professoras que não podiam comparecer.

Em outro encontro uma professora disse: Temos discutido com pais e alunos sobre o uniforme e sobre a merenda. Isso tem sido muito interessante. Tivemos um plebiscito sobre o uniforme e antes dele discutimos os vários pontos de vista.

Sempre que falávamos da participação dos pais nas decisões da escola, nos mantínhamos atentas à necessidade de estabelecer as semelhanças e as diferenças nas funções de cada um na escola. Quais questões deveriam ser discutidas com as mães e os pais? Quais não?

Afirmou-se a necessidade de as professoras estabelecerem, entre elas, os princípios que deveriam ser propostos para todos. Entramos em um território difícil, pois começaram a aparecer os distintos modos de pensar e agir entre as professoras participantes da discussão, as diferentes visões sobre o uniforme, a merenda, e também sobre as maneiras de intervir quando uma agressão acontece.

Para discutir essas diferenças sem ser de maneira generalista, foi proposto que elas pudessem contar alguns casos de alunos com os quais o trabalho tem sido difícil (esses casos muitas vezes apareciam durante as conversas). As professoras reclamavam que os alunos que provocam e agridem vão conversar com as coordenadoras e estas *"passam a mão na cabeça deles"*. Novamente tratamos dessas estratégias que não são conversadas, coletivizadas e, desse modo, ficam individualizadas – cada um achando e querendo algo diferente.

Estratégias com um aluno

Tiago 10 anos, está na 4ª série.

Professor: Ele assusta a gente, pois de uma hora para outra bate em pessoas que estão machucadas e as maltrata. Maltrata animais também. Está desde a 1ª série na escola. A família é complicada, seus irmãos também dão trabalho. Às vezes provoca tanto que eu o enfrento e perco a razão, não consigo falar com tranquilidade e acabo gritando.
Yara: Precisamos ver a diferença entre ser firme e perder a razão. Talvez possamos pensar as repercussões do Tiago que já estão em nós. Vocês tinham contado uma cena na qual o Tiago tinha batido e também apanhado de uma criança. E que o tinham repreendido e de certa maneira ficado satisfeitas com o fato de a outra criança tê-lo enfrentado e batido nele. Esse menino que bateu no Tiago deveria ser repreendido?
Professora: *Acho que está certo o Tiago ter apanhado. Ele bate e não percebe o que faz. Assim ele pode perceber.*
Yara: Precisamos pensar se via a reciprocidade, nesses casos, aprende-se a se colocar no lugar do outro. A impressão que dá, pelo que vocês contam, pela idade dele (um menino de 10 anos), é que ele vai ficando com mais raiva e agredindo mais. Talvez não agrida quem bata nele, mas agride mais os outros. Como mediar isso que ele não está conseguindo fazer: colocar-se no lugar do outro? O que fazer nos momentos de crise e o que fazer nos momentos em que as coisas estão bem? Como contê-lo e acolhê-lo ao mesmo tempo?

Muitos casos trazidos pelas professoras nos revelam que são tantas as situações que elas enfrentam no dia a dia, que fica difícil pensar em processos, em estratégias para intervir. Como dizem, *"é apagar incêndio: quando a coisa acontece tem que fazer algo imediato para dar conta"*. Outra questão é essa relação direta que elas estabelecem entre "família agressiva" e "filho agressivo". Temos muitas vezes discutido com as professoras se somos reflexos diretos de nossos pais. Invariavelmente elas relatam acontecimentos de intensos processos de diferenciação em seu próprio histórico de vida. E isso vai nos ajudando a pensar a multiplicidade de forças presentes em uma vida, para com isso ressaltarmos a intensidade da força que a escola pode produzir no processo de subjetivação.

As professoras estavam satisfeitas com uma melhor comunicação entre elas e a equipe técnica atual: as informações chegando a todos, muitas vezes por escrito, explicando a necessidade de mudanças e as tomadas de decisões. Isso gerou a oportunidade de repensarem muitas práticas, como por exemplo os horários de recreio. Falaram também da maior possibilidade de, na escola, ouvir o que as pessoas têm a dizer, como nesses nossos encontros, quando todas as falas são bastante valorizadas.

Voltando à discussão sobre o aluno Tiago. Falamos das sanções que normalmente são tomadas em relação aos vários alunos da escola:

Professoras:
- Alguns pais até pedem para a gente bater, mas não podemos.
- Chamamos as mães ou pais como punição.
- Pedimos reparações – exemplo, em vez de ir ao recreio, fazer a atividade que ficou por ser realizada.
- Rodas de conversa para, explicando as coisas, ver se os convencemos, se os seduzimos a fazer do modo correto, respeitando os colegas.
- Às vezes a gente manda embora da sala, é uma reação emocional, às vezes não dá para aguentar. Mas são 10%. Às vezes essa raiva vai para dentro e a gente fica com estresse, adoece.
- Ocorrem suspensões nas quais os alunos ficam três dias em casa.
- Também isolamentos temporários dentro da escola – pedir para o aluno ficar durante um tempo em algum lugar fora da classe.
- Visitamos a família quando ela não vem.
- Falamos para fazer uma atividade como castigo, por exemplo, copiar algo.
- Seguramos a carteirinha de estudante para o aluno vir conversar no final da aula.

Essas falas nos inspiraram outras discussões: as relações entre compreender (as crianças compreendem que não podem subir em certo lugar, pois é perigoso) e agir; as relações entre seduzir e produzir conhecimento. Como fazer para que a produção de conhecimento seja o eixo do trabalho, e não o professor? Se o desafio e a provocação da criança se tornam duelo para o professor, a produção de conhecimento fica em segundo plano. Como percorrer o caminho do ensinamento e da aprendizagem? Essa questão apareceu quando as professoras falavam de alunos da 5ª série que não trazem o material. Em vez de pensar apenas em sanções possíveis, por que não pensar em como o cuidado e a organização com o material eram trabalhados desde a 1ª série? Isso nos remeteu à discussão sobre o currículo e as atividades.

Ficamos um mês sem nos ver – mês de julho. As professoras haviam nos mostrado o resultado de uma discussão que tiveram com outras colegas e funcionários da escola sobre os princípios do regimento da escola. Grupos de profissionais haviam discutido o que entendiam por: participação, respeito, solidariedade, direito de aprender e responsabilidade. Definiam cada um desses princípios especificando o que caberia a todos fazer e o que caberia diferentemente a alunos e educadores.

Uma cena criada no grupo: diálogo de uma professora com um aluno

Embora estivessem realizando atividades com alunos para discussão de valores, as professoras se queixavam muito da presença de alguns jovens que ridicularizam a autoridade, que ironizam o tempo todo. Propusemos que criássemos uma breve cena na qual alguém representaria um aluno adolescente (cujo nome seria João) e outra pessoa representaria a professora. Metade do grupo presente repararia no adolescente, e a outra metade, na professora. O adolescente faria algo que estava sendo muito comum: recusar-se a fazer as atividades pedagógicas.

Vejamos alguns diálogos dessa cena criada:

Professora 1: *João, você deveria ter-me entregue essa atividade. Vamos fazer agora?*
João: *É que alguém pegou meu caderno, eu já tinha feito* [mentira].

Sem que isso tivesse sido combinado, algumas professoras escolhidas para observar João começaram a provocá-lo, empurrando sua carteira e tirando sarro de suas atitudes, como se fossem colegas de classe.

João: *Estão empurrando minha carteira, professora!! Assim não dá, né professora?*
Professora 1: *Tá bom, João, tá muito bom o que você está fazendo* [com ironia]. *São os outros que te atrapalham, né?*

O diálogo continuava com uma certa ironia de ambos. Depois de um tempo, paramos a cena e pedimos para entrar outra professora no lugar da que estava encenando.

João: *Professora, esses meninos ficam desenhando coisa pornográfica. São uns favelados. Sua casa é grande, professora?*
Professora 2: *Não interessa minha casa* [fala brava], *vou bater um papo com você depois do lanche. Só nós dois.*
João: *Eu me interesso sim professora, eu gosto de saber das coisas.*

[Só os dois, fora da sala de aula]

Professora 2: *Você precisa provocar seus amigos e fazer perguntas que não têm relação com o que aprendemos? Não preciso chamar sua mãe, não é?*
João: *Não professora. Eu vou melhorar. Não vou mais fazer coisas erradas.*

Conversa sobre a cena

Perguntamos às professoras o que as havia sugerido entrar na cena como alunos. Responderam que era gostoso provocar a professora, que era mais fácil ser adolescente provocador do que pensar no que fazer com isso, pois o professor está sozinho nessa hora.

João tem mais repertório e ação, mente *"Eu já tinha feito"*, faz promessas falsas *"Não vou mais fazer coisas erradas"*, e a professora repete cobranças conhecidas, como se ele não as soubesse. As professoras usam argumentos irônicos *"Está muito bom o que você está fazendo"* e ameaçadores *"Não preciso chamar sua mãe, não é?"*. A ironia complica a relação de aprendizagem, aciona confusão no significado das palavras. Outras observações apontadas pelo grupo:
- Muitas vezes, perguntamos coisas que deveriam ser afirmadas como "Você precisa provocar seus amigos?".
- A maneira agressiva com que a professora respondeu à pergunta pessoal sobre a casa dela. Ele percebeu que ela não gostou e continuou provocando.
- A cena trouxe à tona algo que é da classe, do grupo, e o tempo todo as intervenções da professora terem sido individuais.

A participação dos alunos nas reflexões: discursos x fazeres

No encontro seguinte, retomamos a discussão sobre o regimento, pois as professoras falavam que era necessário saber ouvir os alunos com relação a isso e também pensar algumas atitudes de alguns colegas que não respeitavam os princípios estabelecidos. Como fazer o regimento valer?

As professoras relataram como pensavam em fazer com os alunos para que eles participassem da construção do regimento.

Queríamos pensar em propostas de ação que ajudassem as crianças a percorrer o caminho para aprenderem a respeitar. Afinal, trabalhar conceitos apenas sob a forma de aula expositiva não dá conta de questões e conteúdos predominantemente atitudinais. Para isso, é necessário pensar em questionamentos, vivências, fazeres, ou corre-se o risco de apenas dar "lição de moral" aos alunos.

> Yara: *Respeitar para quê? Por que nossos alunos abririam mão de bater e de xingar? Muitas vezes é difícil para eles estabelecerem a fronteira entre a brincadeira de mão e a agressão. Seria importante falarmos de ferramentas concretas, de estratégias para cada faixa etária, para trabalhar com as classes.*

Pedimos para que cada professora formulasse uma pergunta por escrito (sem se identificar) para trabalhar com a classe os temas "respeito" e "diálogo". Reunimos todas as perguntas e as lemos. Juntamente com as professoras fomos pensando quais seriam as melhores perguntas para essa tarefa. Muitas gostaram das perguntas em que as professoras indagavam *"O que fazer?"*, após terem narrado cenas do tipo *"Sumiu o material de um colega"*. Percebeu-se também que perguntas do tipo *"Por que bater?"* são difíceis de serem respondidas e nos convidam a respostas que não problematizam essa produção, assim como aquelas que já têm um juízo de valor: *"Você gosta que batam em você?"*. Gostaram também de perguntas que fazem pensar algo mais amplo, como *"Para que serve a escola?"*. Nossa ideia era colocar em evidência as intenções e efeitos das várias perguntas, favorecendo com isso a percepção das professoras em relação aos valores presentes nas perguntas formuladas.

Avaliação dos encontros

No 14º encontro, último de 2005 – começamos o atendimento desse grupo em outubro de 2004 e continuaremos em 2006, fizemos uma avaliação do trabalho. Em um primeiro momento, a avaliação foi individualmente dirigida com algumas questões a serem respondidas por escrito. As professoras nos entregaram as respostas escritas. Depois, em um segundo momento, realizamos uma discussão grupal e verbal perguntando: como tem sido a relação entre o que discutimos aqui e o que é feito na escola? Há diferenças na escola?

Professoras:
- Antes eu gritava muito e não via os alunos como protagonistas, sempre queria falar com as mães. Estou resolvendo melhor as coisas com eles.
- Uma frase que foi dita aqui um dia marcou mudanças em mim: "Recebemos marcas das histórias familiares das crianças mas, que marcas estamos deixando?". Outra frase foi "Quando recebemos uma criança estamos recebendo uma história".
- *Estou com mais força para estar na discussão com outras professoras. Olho diferente e escuto diferente. Temos tido uma equipe técnica muito boa, com grande capacidade de nos escutar. Rever o Regimento foi um exercício de humanidade que fizemos. Os problemas continuam grandes, temos que agir nessa falta de vontade de aprender das crianças mais velhas. O que a escola fez com elas?*
- Temos conseguido desenvolver um olhar estrangeiro, pois estamos com vocês, aqui, vivendo esse olhar estrangeiro. As coisas não são mais tão naturais como eram antes.
- Fiquei com vontade de me filmar dando aula e depois ver e discutir, para poder ter a possibilidade de ter um distanciamento e pensar.
- Tenho escutado mais as outras professoras, os alunos.
- Essa história de sair da fala pessoal e ir para a coletiva me deu muita força. "Aqui nesta escola não se bate" é muito diferente de "Eu não quero que bata".
- Temos que pensar nossa formação. Somos bons para produzir conhecimentos, não precisamos de tanta assessoria. Aqui existem professoras com experiências excelentes. Mas uma assessoria como essa aqui é fundamental para a gente aprender a aproveitar o potencial que a gente tem na escola. A gente não trocava as coisas.

- Acho que aqui vocês fazem uma coordenação democrática e pudemos pensar a maneira como fazemos nossa coordenação lá na escola. A relação com os pais, nas reuniões de pais, mudou.

Relataram que esta equipe técnica (coordenadores, direção e vice) conversa, decide coisas e que essas decisões são divididas com as professoras. Há um trabalho integrado. Mas a diretora vai sair da escola. Falam de outras perdas (uma das coordenadoras talvez saia e uma das professoras também).
Quanto às necessidades para 2006:

Professoras:
- Embora escutando melhor uns aos outros, ainda levamos para o pessoal muitas questões.
- Temos que ensinar melhor nossos alunos em 2006. Eles têm aprendido pouco, podem muito mais.

Elas nos entregaram a avaliação por escrito na qual tínhamos feito as seguintes perguntas:

1 – Descreva uma aprendizagem importante que você processou/está processando a partir das discussões nestes encontros.
2 – Em relação à transposição das reflexões aqui realizadas para seu trabalho como professora/coordenadora, perguntamos:
* Você percebe mudanças em suas ações profissionais?
* Se sim, quais?
3 – Cite/comente aspectos que você considera relevantes no trabalho realizado com este grupo.
4 – Comentários.

Muitas escreveram sobre o fato de terem se tornado melhores observadoras de suas ações e com isso se sentem mais capacitadas em mediar os conflitos, sair de discursos pessoais e centrados do tipo

"*Eu não gosto disso e pronto*". Alguns afirmaram ter passado a olhar para os alunos quietos que nunca tiveram vez.

No ano seguinte, veio um grupo com muitas professoras diferentes, outra diretora. Houve mudanças estruturais na educação pública municipal e o dia a dia escolar estava muito desorganizado. As professoras discordavam das novas deliberações que haviam alterado os horários de alunos e professores, mudado a função dos coordenadores que deveriam contratar oficineiros (a maioria sem experiência como educador) pagos pela prefeitura para trabalharem com as crianças uma hora por dia. Muita gente se sentia perdida nessa configuração. Essas mudanças de estratégias são realizadas de uma maneira que, ao desconsiderar alunos, professores e as especificidades de cada escola, intensifica a sensação relatada por esses autores, de terem se tornado irrelevantes, indiferentes, ao sistema educacional.

Portanto ...

O tema da violência, das agressões, da necessidade de princípios norteou o trabalho com esse grupo. Outros temas conduzem outros trabalhos, mas a maneira de agir traz muitas semelhanças. Pensamos em formas de afetar as ideias e sensações trazidas pelas professoras, discutimos as diferentes funções de cada um (coordenador, professor, diretor) na instituição relacionadas às necessidades da questão ou caso trazido, por exemplo, alguns casos necessitam da articulação com a saúde e isso tem que ser agenciado pela coordenação. Trabalhamos com as hipóteses levantadas pelas professoras para os problemas escolares. Quando surge, como ocorreu nesse grupo, a intensa associação dos problemas dos alunos com problemas familiares, discutimos as estratégias da escola na relação com a comunidade. Fortalecemos as possibilidades de contradições na análise das professoras. Para isso, muitas vezes, solicitamos escritos, fazemos debates, pedimos cenas, para que as várias versões e ideias possam aparecer na discussão e contagiar os processos de subjetivação hegemônicos.

Nosso desafio é alterar um campo afetivo, um campo de potências, de forças. Os grupos são espaços táticos de produção de subjetividade e, portanto, abrem condições para que possam ocorrer mudanças. Ao trazer a multiplicidade para a visibilidade, surgem inesperados, pois a multiplicidade é indefinidamente indeterminada, traz o que escapa ao instituído, traz o impensado.

Referências bibliográficas

Aquino, J. (1997). (Org.) - *Erro e Fracasso na escola*: alternativas teóricas e práticas. São Paulo: Summus.

Bourdieu, P. (1997). *A miséria do mundo*. Rio de Janeiro: Vozes.

Costa e Santos A. A. (2002). *Cadernos escolares na primeira série do ensino fundamental:* funções e significados. Dissertação (mestrado), Instituto de Psicologia da USP.

Deleuze, G. (1988). *Diferença e Repetição*. Rio de Janeiro: Graal.

Deleuze, G. (1988). *Foucault*. São Paulo: Brasiliense.

Meira, M. E. M. e Antunes, M. A. M.(2003) - *Psicologia Escolar*: práticas críticas. São Paulo: Casa do Psicólogo.

Patto, M. H. S. (1990). *A produção do fracasso escolar*. São Paulo: T.A.Queiroz.

Saviani, D. (1983). *Escola e Democracia*. São Paulo: Cortez.

Tanamachi, Proença & Rocha (Orgs). (2000). *Psicologia e Educação:* desafios teórico-práticos. São Paulo: Casa do Psicólogo.

Capítulo VII

Históries e práticas do sofrer na escola: múltiplos atos/atores na produção do "aluno-problema"

*Ângela Maria Dias Fernandes**
*Andréia Accioly, Deliane M. F. de Sousa,
Gabriela Fernandes Rocha Patriota, Jonathas Martins,
Maria Luiza Pontes de França Freitas, Marina Pereira Gonçalves,
Tereza Lidiane Barbosa da Costa***

Introdução

Esse texto tem a intenção de estabelecer um debate em torno de algumas questões relevantes para que se possa pensar a atuação do psicólogo na escola, norteada pelo sucesso afetando, com isso, a produção do fracasso escolar e do sofrimento. A partir da análise do projeto "Implantação de um Serviço de Psicologia em uma escola pública em João Pessoa", serão discutidas algumas práticas e falas dos diversos atores sociais com a perspectiva de dar visibilidade aos mecanismos que têm se constituído como obstáculo ao aprendizado e ao exercício de direitos. Tal projeto vem sendo desenvolvido, desde março de 2005, em

---

[*] Professora Adjunta do Departamento de Psicologia e do Programa de Pós-Graduação em Educação da Universidade Federal da Paraíba. (angeladfernandes@yahoo.com.br)

[**] Graduandos do curso de psicologia da Universidade Federal da Paraíba.

um bairro popular da cidade de João Pessoa, e tem como foco as relações estabelecidas entre os atores sociais (professores, alunos, funcionários e pais) e os processos institucionais acionados no cotidiano escolar que geram sofrimento no trabalho e no processo de aprendizagem. A ação da psicologia será aqui abordada como uma necessária intervenção não só no espaço escolar, como fundamentalmente no conhecimento que se tem produzido na articulação entre psicologia e educação.

Aberturas e inventividade da psicologia na escola

Diversos estudos têm demonstrado que a psicologia firmou compromissos com a produção do fracasso escolar ao atender a uma demanda de construção de explicações do baixo desempenho social de camadas empobrecidas da população[1]. A sociedade caracterizada pelo modo de produção capitalista, necessariamente dualizada, precisava explicar cientificamente a distribuição dos indivíduos na escala social. Por traz de um discurso igualitário e da afirmação de que a todos eram dadas as mesmas oportunidades foi se criando, ao longo do último século, um fosso cada vez maior entre as classes sociais. A psicologia foi chamada a participar da produção de teorias que, com base nas diferenças individuais, explicassem a alocação dos indivíduos de um lado ou de outro desse fosso.

Diagnosticar, explicar, tratar o fracasso escolar funcionou como um "canto da sereia", dando sentido ao trabalho da psicologia nas escolas. Nesse percurso histórico aparecem técnicas de avaliação marcadas pelo discurso preconceituoso e por ações individualizantes que circunscrevem os limites de um corpo ao qual é colada a insígnia da deficiência. Em um estudo sobre o fracasso escolar (Fernandes,1983) foi definida como "doença que não dói"[2] essa marca que como uma pele cola ao corpo da

---

[1] Podem ser citados os estudos de Maria Helena Souza Patto (1990, 2000), a pesquisa realizada por Maria Aparecida Moysés (2001) dentre outros.

[2] Trata-se da fala de uma criança em uma escola pública do Rio de Janeiro que explicando os motivos de seu encaminhamento a um posto de saúde, afirmou: *"Eu tenho uma 'doença que não dói'. Eu não sinto nada, só não deixa a gente aprender"*. Essa colocação do aluno foi analisada na dissertação de

criança pobre colocando finitude a qualquer intenção que aponte para a diversidade e para o sucesso. Na escola pública brasileira podem ser identificadas várias práticas que silenciam e petrificam as crianças das camadas empobrecidas atravessadas pela culpa do baixo desempenho escolar e social. As relações são autoritárias, burocratizadas e hierarquizadas e há a cobrança de um conhecimento que a criança pobre só poderá produzir na escola, sendo que esta não fornece condições adequadas para tal. Atualizam-se discursos e ideias preconcebidas sobre as famílias que, vítimas dessa mesma escola, se submetem ao processo de culpabilização.

As ações voltadas para a avaliação psicológica fortalecem a ideia de que as oportunidades são iguais para todos (o que não é verdadeiro) e que a inserção em uma classe social é alcançada através da aptidão individual, do esforço e merecimento. Outras práticas são implementadas nas escolas e, da mesma forma que avaliação, ganham sentidos diversos dependendo da clientela para a qual são direcionadas. É o caso da orientação para o trabalho, dos debates sobre os temas transversais e do acompanhamento de projetos especiais.

Romper com esse processo é um caminho que requer a afirmação de outros compromissos e deve estar marcado por uma luta pela transformação social e contra a injustiça. É necessário desconstruir os processos de produção do fracasso. É necessário desmontar práticas focalizando os mecanismos que se engendram no cotidiano escolar para, a partir de sua recusa, inventar novas possibilidades de gerir a produção de conhecimento construindo alianças com outros saberes. São tarefas urgentes que devem escapar do olhar tecnicista que se coloca sobre a vivência escolar e seus efeitos. Aponta-se para a ideia de que esse caminho seja marcado pela inventividade e pela construção de práticas produtoras de autonomia afetando as relações de poder as quais atravessam o cotidiano escolar[3].

---

mestrado *"Rompendo com a produção de uma 'doença que não dói': uma experiência de alfabetização em Nova Holanda"*. (Fernandes, 1983).

[3] Ver Rocha (2001, 2003), e Benevides de Barros (2001).

A escola, algumas cenas e seus atores

A escola brasileira vem sendo analisada em vários estudos que demonstram a forma como esta se articula aos interesses hegemônicos[4]. Essas investigações tratam da produção da educação como mercadoria, de acordo com a lógica neoliberal, das novas formas de compreensão dos direitos sociais, da noção de qualidade que se afirma aliada às noções de eficiência, eficácia e produtividade e dos efeitos excludentes que se naturalizam ocultando e reforçando mecanismos de produção da desigualdade social.

Surge uma escola pobre para uma clientela pobre. Faltam livros, faltam carteiras, faltam professores, faltam atividades criativas, mas mesmo assim, a culpa do baixo rendimento é da criança. Surge uma escola rica para uma clientela que pode comprar sua vaga nessa escola. Os livros e atividades se diversificam; existem laboratórios de informática; os professores estudam. A desigualdade se afirma e a psicologia dá substância a um discurso baseado no mérito que vem justificar o baixo desempenho escolar/social através da identificação de uma natureza desigual dos homens.

No entanto, no cotidiano da escola pública são todos Marias e Pedros iguais entre si, e caracterizados por não terem condições de aprender "o que a escola tem de bom". Essa escola tem expulsado a diversidade entre seus sujeitos. As crianças pobres sofrem – se revoltam, "travam", agridem professores e colegas e, ao final, são apontadas como problemas. Atendidos ou não por um serviço de psicologia, carregam como perspectiva o estigma da dificuldade de aprendizagem e de comportamento. Carregam, também, a culpa por não deixar a aula fluir, por destruir o livro que falta, por irritar a professora que fala alto até serem "barrados no baile" da 5ª série. É a história já contada da exclusão social que se enraíza nessa escola, cheia de práticas que incluem as crianças pobres e suas famílias em

---

[4] Ver os estudos de Frigotto (1984, 2001), Gentili (1995), Gentili e Silva (1995), Gentili e Alencar (2001) dentre outros.

um cotidiano improdutivo e enfadonho. É a história de uma psicologia escolar que se permite localizar os "alunos-problema"[5] e tratá-los deixando intactas as práticas produtoras de sofrimento.

Sofre, ainda, o(a) professor(a) nessa escola[6]. Vítima das políticas públicas, que promovem o sucateamento do sistema escolar, esse/a professor/a pratica um trabalho de baixo reconhecimento social, que se afirma pelos salários indignos e pela impossibilidade de aprimoramento profissional, conforme demonstrado no estudo *Retrato da Escola 3 – A realidade sem retoques da educação brasileira*, da Confederação Nacional de Trabalhadores em Educação.

Pesquisa do Fundo das Nações Unidas para Educação e Cultura (Unesco) e da Organização para Cooperação e Desenvolvimento Econômico (OCDE), por exemplo, revelou que os trabalhadores em educação do Brasil têm um dos piores salários entre 32 países de economia equivalente, o que prova que a situação de penúria dos educadores não é um problema, para usar palavras simples, de "pobreza da nossa economia", mas da falta de políticas públicas que insiram a educação como uma prioridade dentro de um projeto nacional global, acima de governos e além de mandatos. (CNTE, 2003)

A imposição do livro didático e a falta de material que garanta uma diversificação no cotidiano se somam a outras práticas subterrâneas. O trabalho pago é circunscrito à sala de aula. Sobra trabalho de preparação da atividade didática (planejamento de aulas e de correção de provas) que invade sua casa como um trabalho não pago. Além de tudo, o uso corrente do mimeógrafo a álcool e as baixíssimas taxas de acesso ao

---

[5] A respeito da produção do "aluno-problema" é importante destacar os trabalhos de Machado (1994, 2003) que investiga o encaminhamento de crianças para as classes de ensino especial e a constituição das queixas escolares. Em diversas publicações aponta para estratégias de intervenção no campo da psicologia e para a desnaturalização da demanda de classificação e tratamento dirigida aos serviços de psicologia. As produções dessa autora em parceria com Proença são aqui consideradas como fundamentais (2004).

[6] Ver as contribuições da publicação "*Trabalhar na escola? – só inventando o prazer*", de Athayde, Barros, Brito e Neves (orgs.), 2001.

computador (48% de profissionais no ensino fundamental no Brasil não têm acesso ao computador, 32% têm computadores em suas casas e 10% têm acesso somente em seus locais de trabalho – CNTE/2003) demonstram a existência de um trabalho sem pressa.

As famílias são trazidas para essa trama atualizando uma lógica determinista. As condições de vida da população pobre são vistas como escolha ou merecimento naturalizando uma associação imediata entre precárias condições de moradia, desemprego e violência. Coimbra (2001) apontou para a existência do mito das classes perigosas como uma produção intensa de vários saberes que se afirmam desde o século XIX. Investigando a atuação da mídia na construção de verdades sobre a pobreza e suas consequências, a autora indica que, "produz-se um raciocínio linear, de causa e efeito, de que onde se encontra a pobreza está a marginalidade, a criminalidade" (p.58). A família organizada de acordo com os padrões hegemônicos, e o emprego fixo são considerados dispositivos importantes de legitimação social. "Ao fugir a esses territórios modelares, entra-se para a enorme legião dos "perigosos", daqueles que são olhados com desconfiança e, no mínimo, evitados e afastados", como concluem Coimbra e Nascimento (2003, p.26/27).

Trata-se de uma sociedade que, através da escola, controla o espaço e o tempo de circulação desses corpos de atores que se constituem em sujeitos fracassados. A criança e o jovem pobres não aprendem, o(a) professor(a) da escola precarizada não consegue ensinar, e a família traz para casa mais um elemento de fixação no lugar de exclusão social. São atores de uma trama que participam ativamente de um processo de subalternização acionando mecanismos de culpabilização, de fracasso, de despotencialização.

"Aluno-problema" - uma produção que produz sentidos no cotidiano escolar

Colocar luz sobre o "aluno-problema" pode ser revelador dos processos envolvidos na produção do saber na escola. Analisar o que rege a relação professor/aluno, e como o poder atravessa essa relação é tarefa indispensável. Mas, para tanto, é necessária a compreensão da história da constituição desse sujeito do conhecimento, e também dos mecanismos que o fizeram destituído de poder e de autonomia.

Olhar o aluno como uma construção histórica é o primeiro passo. A infância não é um fenômeno natural, muito ao contrário, deve ser compreendida como uma invenção da modernidade, como demonstram os estudos de Ariès (1986). Uma infância sem potência, obediente, frágil, foi sendo constituída ao longo dos últimos séculos, assim como uma ciência capaz de dar sentidos a essa infância.

A pedagogia, a psicologia infantil, a pediatria irão constituir, por meio de várias práticas, o conceito de aluno – sujeito sem poder – dependente de um adulto que o proteja, e incapaz de gerar conhecimento e gerir a sua aquisição. Crianças e adolescentes são inseridas na escola, e ficam sujeitas ao discurso pedagógico que orienta horários e rotinas, hierarquiza relações, cria fronteiras entre os conhecimentos, indica os comportamentos ideais e legisla sobre os desvios.

O(a) professor(a) educador(a) é constituído nessa cena como executor em um processo de trabalho que isola concepção e prática. É através da ação pedagógica que a tarefa escolar aparece desumanizada e burocratizada. O aprendizado de uma operação matemática, o conhecimento dos movimentos da lua, os afluentes do rio São Francisco, são tratados a partir de modelos universalizantes e estáticos. O que a escola promove é a instauração de relações entre os homens, as coisas e os acontecimentos que tendem a produzir modos de ser e de viver destituídos de autonomia. O poder de intervir dos sujeitos é constantemente empurrado para fora do campo instituído de produção do conhecimento, configurando um processo que visa conceber atores sociais despotencializados.

A psicologia se inscreve como reguladora desses mecanismos quando assume o lugar de orientadora das relações em busca da normalidade. A possibilidade do conflito e do surgimento de outros caminhos é neutralizada não só nas tarefas escolares, como nas relações entre os alunos, entre estes e o(a) professor(a), e no interior da família. As dificuldades de aprendizagem são isoladas e, ao mesmo tempo, generalizadas, afetando de forma diferente as camadas sociais, dado que são naturalizadas as perspectivas de sucesso e de fracasso escolar. No campo dessa psicologia tecnicista o saber sai em busca de garantir o diagnóstico correto, determinar a receita e tornar o prognóstico conhecido. Um psicólogo na escola é, facilmente, colocado nesse lugar. Como nos diz Machado (2003), "quando um psicólogo pisa no território escolar (e em outras instituições educativas), intensifica as expectativas e olhares classificatórios e comparativos dos indivíduos tomados isoladamente" (p.63).

A concepção de outra abordagem da psicologia se inscreve neste processo de produção social e irá se constituir nesse campo de tensões. Os mecanismos de produção do fracasso são potentes, e se impõem com uma força naturalizante. Montar uma outra significação para a prática do psicólogo na escola requer afetar algumas práticas no cotidiano escolar, requer tencionar essa força. O "aluno-problema" ao ser colocado no centro do debate pode auxiliar na análise dos mecanismos que o produzem como tal. Quem é esse aluno? Desde quando se tornou um "problema"? Quais os comportamentos que o caracterizam? Quais as respostas que a escola dá a esse aluno? Quais as ações desenvolvidas no sentido de retirá-lo do lugar de "aluno-problema"? Como esse lugar se fixa, e se expande, constituindo o fracasso como perspectiva para muitos?

O exercício de análise a partir dessas questões pode colocar em relevo os mecanismos que instituem o fracasso escolar. Segundo as contribuições de René Lourau (1993), é colocando luz sobre alguns acontecimentos/falas/práticas que poderemos promover a análise do que se institui, que deve ser compreendido como força, como dinamismo. Seguindo o pensamento de Lourau, este afirma que:

> Para nós, todavia, da Análise Institucional, instituição não é uma coisa observável, mas uma dinâmica contraditória construindo-se **na** (e em) história, ou tempo. (...) O instituído, o *status quo*, atua com um jogo

de forças extremamente violento para produzir uma certa imobilidade (1993, p.11 e 12).

Com isso, se quer dizer que um "aluno-problema" fala para além dele mesmo. Sua história de impossibilidade de aprender na escola pública afeta sem dúvida o/a professor/a que a um só tempo é sujeito e objeto desse processo. Atravessados pela instituição saber/poder e destituídos de autonomia cedem, cada um a seu jeito, às forças que impedem a análise crítica dos lugares que ocupam.

Construindo uma intervenção em lugares e práticas do cotidiano da escola

Em busca da montagem de novas cenas, que pudessem fazer surgir indagações sobre estes lugares, foi iniciado um projeto de estágio em uma escola pública da cidade de João Pessoa. O trabalho ficou centrado no turno da manhã onde funcionam 16 turmas de 1ª a 4ª série do ensino fundamental. No turno da tarde são atendidas as turmas de 5ª a 8ª série do ensino fundamental. Em cada turno existe uma turma de pré-escolar dirigida a crianças de cinco e seis anos.

Como estratégia na formulação do contrato com a escola foram organizados dois encontros com todas as professoras e com a direção. No primeiro encontro foram enumeradas as expectativas de um trabalho de psicologia naquela escola. As respostas deram origem a um mapeamento que foi restituído ao grupo no segundo encontro. A maioria das respostas fornecidas trazia a figura de um aluno que produzia dificuldades no encaminhamento da aula, além de apontarem para a necessidade de organização de uma ação dirigida a esse aluno.

Após um período de observações em todos os espaços da escola foi realizada a segunda reunião. Neste momento, foi construído pelo coletivo o desenho desse aluno, e suas características foram sendo trazidas: alunos sem assistência da família; indisciplinados e rebeldes; com falta de orientação sexual; ansiosos; carentes; ociosos; com dificuldade financeira; violentos; com dificuldades de aprendizagem; com distúrbios mentais e de aprendizagem; e com hiperatividade. No processo de coletivização a força desse desenho produziu efeitos interessantes impondo àquele coletivo a necessidade de identificação de outras possibilidades de ser aluno. Seriam aqueles alunos que deixam a aula fluir – com famílias estruturadas, com equilíbrio emocional, participativos, com formação religiosa, e obedientes. A dinâmica deste encontro trouxe à luz o olhar preconceituoso que é dirigido às famílias pobres, dando visibilidade à forma como concebem o conjunto de seus alunos.

O trabalho foi formatado no sentido de construir a intervenção diretamente nas salas de aula. A ideia era a de promover deslocamentos dos lugares instituídos – dos alunos que atrapalham a aula e não aprendem, do professor que não consegue trabalhar, e do psicólogo que atende crianças com problemas. O trabalho contratado foi dirigido inicialmente a sete turmas (cada um dos sete estagiários ficou responsável por uma turma) de professoras que expressaram o desejo de participar. Ficou, ainda, acordado que haveria um permanente processo de coletivização com o conjunto da escola.

Incluiu-se no contrato estabelecido com cada professora a solicitação para que não se apontasse, publicamente, a criança "com problemas", prática usual nas escolas. Duas vezes na semana cada estagiário acompanhava todas as atividades pedagógicas e, ao final do dia ou no horário de recreio, se reunia com a professora. A tentativa era debater os acontecimentos tentando relacionar os movimentos de toda a turma às propostas que estavam sendo encaminhadas e às relações que se estabeleciam entre os alunos, entre a professora e o conjunto de alunos e desta com cada um deles. O comportamento dos alunos anunciados como problemas era analisado neste espaço. Eram buscadas as instituições que se faziam presentes, esquadrinhando lugares, produzindo modos de ser e de fazer fracassar no coletivo da sala de aula.

Em cada uma das turmas um conjunto de crianças se apresentava ao olhar inquieto dos/as estagiários/as. Dificuldades na leitura e na escrita, legado de uma escola de má qualidade, é a marca compartilhada por quase todos. A bagunça, a conversa "fora de hora", a violência entre as crianças parecem respostas às perguntas que não chegam a ser formuladas. Alguns acontecimentos foram anotados no diário de campo[7] de cada estagiário utilizado como instrumento de registro deste trabalho, e alguns trechos podem ser observados abaixo.

> A. senta sempre no fundo da sala e é mais amigo de R. Na sua ficha consta como sendo repetente. Não participa das tarefas e não responde quando é solicitado. Certo dia, em uma atividade de grupo, passei por ele e ao perguntar como estava a tarefa, ele respondeu – "É com eles aí..." como se ele próprio se excluísse das tarefas. (Diário de Campo)
> H. é repetente, tem 15 anos e estudou em outras escolas. Ele é muito isolado, falta muito às aulas, senta atrás na sala. Vejo-o copiando e fazendo algumas tarefas, mas muitas vezes parece que nem está na sala. A professora nunca pede para ele ir ao quadro, ou responder alguma coisa, como se o considerasse um caso perdido. (Diário de Campo)
> M. despertou a atenção da estagiária talvez por ser muito quieto, quase não faz nada, nem conversa, nem faz as tarefas. A professora ao falar sobre ele, disse: "Às vezes ele parece que está no mundo da lua, mas às vezes acompanha.. Desde que estou nesta sala nunca vi a professora dirigir a palavra a este aluno. (Diário de Campo)

Esses e tantos outros flashes foram sendo tomados do cotidiano. Em torno das crianças relatadas como "alunos-problema" giravam

---

[7] O "diário de campo" é uma estratégia proposta por René Lourau (1993). O autor considera como aquilo que "está fora do texto, fora da cena oficial da escritura" (p.77), resultado da implicação do pesquisador. "O diário produz o conhecimento da vivência cotidiana do campo" (p. 77) e deve ser o principal material a ser restituído.

as relações com suas famílias, sendo desenhadas formas especiais de construir esse lugar:

> L. foi relatado como uma criança extremamente agressiva, que tinha dificuldades de relacionamento com as outras crianças, não cuidava do seu material escolar e sempre que sua mãe comprava cadernos novos ele rasgava. Durante a aula ficava sentado em baixo da carteira, não fazia as atividades nem participava das aulas. A professora atribuía esse comportamento à dinâmica familiar do garoto, pois, segundo esta: "S*ua mãe é separada do seu pai, mas mora com um homem que já teve várias entradas no presídio, o casal briga constantemente na frente de L. e de seu irmão, chega até a se agredir fisicamente, sem contar que a sua casa é um vão só, muito pequena*".
> (Diário de Campo)
> J. é apontada como uma menina que tem dificuldades porque, segundo a professora, é disléxica, embora não exista nenhum diagnóstico na ficha dela. "*Ela sempre começa a fazer as tarefas direito, mas de repente faz tudo ao contrário, além de seu jeito ser meio estranho*" (Fala da Professora). Quanto à dinâmica familiar, J. mora com sua avó, pois sua mãe não quis ficar com a menina quando ela nasceu. Ia entregar para a adoção quando a avó resolveu cuidar dela. A professora disse que a mãe de J. é viciada e que a irmã toma remédio controlado. (Diário de Campo)
> F. é filho único e, aparentemente, o pai tem um poder aquisitivo melhor que os demais da turma. A professora disse: -- "*Ele é assim porque tem tudo que quer. É filho único e o pai é taxista há muito tempo, então pode dar as coisas a ele. Aí quando chega aqui, fica fazendo como se fosse em casa, sem limites*".
> (Diário de Campo)

A cópia dos exercícios escritos no quadro parece conspirar contra o trabalhar e o aprender. O livro do aluno, que nem dele é, porque terá que ser devolvido ao final do ano determina um estranho ritual de transposição do exercício para o caderno. As crianças dispersam, não se envolvem, e sofrem pelo não feito. Os ditados de palavras e frases parecem provocar tensões e estranhamentos por parte dos alunos.

> T. é um aluno muito querido da professora. Ele apresenta problemas de leitura e escrita. Nos momentos em que a professora iniciava algum ditado o sofrimento dele tornava-se visível em suas feições, colocava as mãos na cabeça, às vezes escondia o caderno com a mão e segurava o lápis com a outra para que não vissem que ele não estava fazendo a tarefa. Ficava quieto, abaixava a cabeça, ficava com expressões tristes. (Diário de Campo).
> Um menino fazia as coisas muito devagar e por isso não estava acompanhando a turma. Às vezes até chorava em sala de aula porque a professora apagava o quadro antes dele terminar (Diário de Campo).

Outras falas encontradas nos Diários de Campo dos estagiários/as demonstram os efeitos da intensa produção de uma "doença que não dói" (Fernandes, 1983). Trata-se de algo que interdita o corpo no seu modo de funcionamento, mas não pode ser identificado pela criança. Ao expressar sua impotência aponta para a existência de uma 'doença' que a faz sofrer, mas não dói e, por isso, segundo sua vivência, parece difícil de ser localizada.

O relato abaixo exemplifica a desvalorização experimentada pelas crianças e um movimento de busca de explicações para o sofrimento produzido no processo de escolarização.

> I. era um aluno muito bem comportado, gostava de seus colegas, tinha um relacionamento bom com a professora. Gostava de responder aos exercícios, mas às vezes não conseguia. Um dia, conversando com a estagiária sobre a dificuldade que tinha em fazer as tarefas, o aluno respondeu que queria ter

"outro cérebro, porque queria saber mais coisas". (Diário de Campo)

Sobre a forma de organizar as tarefas em classe as professoras expressam descontentamento e dificuldades em identificar o que, de fato, estas estão passando. A possibilidade de analisar cada atividade educativa parece se embaralhar na trama do preconceito com relação às crianças e suas vidas, e nos poucos resultados que conseguiram em outras tentativas que fazem parte de sua história.

Eu já fiz muitas atividades diversificadas, poesias, paródias, drama-tizações, artes, mas sabe, aos poucos, com o desinteresse da criança, a falta de recursos da escola, essas coisas vão desestimulando, e você não quer mais fazer nada. (fala de uma professora – Diário de Campo)
As aulas não têm rendido nada. Quando eu menos espero já tocou o sinal, e eu não fiz quase nada, só deu tempo de dar uma matéria. Não sei o que está acontecendo. (fala de uma professora - Diário de Campo)
Eu estou muito doente, viu? Acho que vou me aposentar! São 28 anos de sala de aula. Não aguento mais não. Tem dia que a minha vontade é sentar aqui e deixar correr. (fala de uma professora – Diário de Campo)

A forma de dirigir a palavra às crianças revela um processo de endurecimento. A ausência de amorosidade e a pouca perspectiva de inventividade parecem interditar a necessária reflexão sobre o trabalho cotidiano que deve constituir o fazer pedagógico. A fala de algumas professoras revela o peso dessa relação que é vivenciada dia após dia.

Não precisa olhar no caderno do colega, vamos acabar com esse hábito, deixa de preguiça (fala de uma professora – Diário de Campo)
*Você tem que fazer sozinho. Se não fizer não vai para o recreio. (*fala de uma professora – Diário de Campo)

Não tem nada que canse mais o professor do que ficar pedindo pra vocês pararem o tempo todo. (fala de uma professora – Diário de Campo).

A aproximação dos/as estagiários/as com algumas crianças ia trazendo para a cena respostas à fala dura da professora e ao baixo rendimento. Foram sendo descobertas tentativas de escapar que contrariavam a "morte anunciada".

W., segundo a professora *"é muito lento para pegar as coisas e é um dos últimos a terminar tudo, quando termina. No primeiro semestre não fez quase nenhuma prova e quando vinha tirava notas baixas, como 1,0 e 2,0".* (fala da professora – Diário de Campo). Em outro dia conversei com W. enquanto acompanhava seu esforço em realizar a tarefa e ele me disse – *"Tia, esse menino (*se referindo a um colega*) não quer nada não, só fica botando os meninos pra brigar e levando a vida em conversar. Eu era assim também, no início do ano só tirava 1,0 e 2,0, num fazia as tarefas, num estudava. Mas um dia, numa prova aí, eu estudei só um pouquinho e tirei 6,0, viu? Aí agora não, agora eu faço as tarefas, copio as coisas. Essas brincadeiras num levam a nada, né?"* (fala de um aluno – Diário de Campo)

Em outros momentos, as dificuldades na vida das crianças e de suas famílias movimentavam um processo diverso.

Em uma conversa com a professora, ela contou que J., não estava frequentando as aulas desde o início do 2º semestre. *"Mas desde ontem que ele vem, a mãe veio falar comigo e disse que ele não tinha vindo ainda porque eles estavam passando muitas dificuldades, que estavam sem água, porque não tinham dinheiro para pagar as contas e já estavam com uma dívida muito alta. E ela estava com vergonha de mandar o filho sujo e com roupas sujas para a escola. Além do que não tinha condições de comprar cadernos e lápis pra ele".* A professora continuou dizendo: *"É uma situação muito difícil essa! Aí você pode cobrar de um aluno desse, que muitas vezes está com fome, não tem como dormir direito, sem tomar banho, que tem que trabalhar pra ajudar em casa? É uma situação muito complicada. É preciso entender, né mesmo? Aí eu acabei comprando uma caneta e um lápis pra ele."* (Diário de Campo)

Alguns deslocamentos e novos desenhos

Sete turmas, sete professoras, muitas histórias. Havia uma dinâmica em cada sala que foi sendo investigada pelo/a estagiário/a e pela professora. O olhar pesquisador e a possibilidade de produzir um conhecimento sobre o cotidiano conectaram esses atores. Sete cenas e vários acontecimentos foram se desenrolando. Formas de fazer foram sendo tentadas. Limites e possibilidades de mudar foram sendo postos em análise.

A grande preocupação com as crianças, e suas dificuldades, produzia em uma das professoras a vontade de fazer algo apesar de, constantemente, atribuir a solução para os problemas das crianças, somente, a uma mudança na atitude das famílias diante do processo educacional. A reflexão sobre o trabalho promoveu deslocamentos e a professora começou a buscar saída e a intervir em algumas situações de conflito.

Desde o início das observações era notável que a professora reclamava constantemente com S., dizendo que ele não se comportava, não fazia nada, não fazia os deveres. Depois de uma conversa com a irmã dele as coisas mudaram. A professora ficou sabendo que a família de S. dizia que ele era burro, que a família era assim, que não dava para o estudo, e a irmã ainda disse à professora que ela não sabia ensiná-lo.

A professora, a partir disto, exigiu que na próxima aula ele estivesse com quatro cadernos escolhidos por ele e mudou sua postura diante dele. S. mudou, está prestando mais atenção, interessado, empenhado nos deveres e assim que termina mostra a tarefa concluída. *"Ele só escrevia letra de forma e agora está escrevendo manuscrito e muito caprichado e bonito"*, constatou a professora. (Diário de Campo)

Outra criança também colocou em questão algumas certezas da professora. Seu olhar para ele era atravessado pela relação que a escola parecia ter com seu irmão *"tachado como 'aluno-problema' e que tomava remédio controlado"* (Diário de Campo). O menino ocupou o lugar da anormalidade. As demais crianças pareciam perceber o movimento e empurravam J. para fora do possível sucesso. A professora não demonstrava nenhuma expectativa positiva com relação ao aluno e não acompanhava suas tentativas de executar as tarefas. O debate entre estagiário/a e professora produziu outros deslocamentos importantes, possibilitando identificar um processo instituído de marcar os corpos pela possibilidade de fracassar, processo este que tinha a professora como importante agente. Uma mudança na relação da professora com o aluno e o acompanhamento atento do/a estagiário/a produziram efeitos, inclusive, sobre algumas certezas da professora a respeito da relação entre o desempenho escolar e a vida da criança e sua família.

Em outro cenário foi identificado um acontecimento que impedia o desenvolvimento das aulas conforme o desejado pela professora. A tentativa desta era buscar a participação dos alunos através da realização das tarefas em sala e da exposição dos resultados para o conjunto da turma. No entanto, a dificuldade de lidar com o erro por parte de todos os atores (professora e alunos) conspirava contra o sucesso. A professora argumentava – *"minha turma é muita calada, é muda. Eu faço essas perguntas para provocar eles, para fazer com que participem"* (fala de uma professora – Diário de Campo). A pressão feita sobre os alunos, principalmente sobre aqueles que tinham maiores dificuldades, produzia uma vivência de constrangimentos que impedia a livre participação. O que se via sob a capa do "desinteresse e da preguiça", anteriormente identificados pela professora eram sofrimento e medo. O debate após cada aula entre a professora e o/a estagiário/a permitiu que a professora identificasse a questão, produzindo mudanças na forma de correção das tarefas.

Na turma de pré-escola a mudança de sala, buscando um ambiente mais adequado, trouxe para o debate a relação entre o arranjo espacial e a dinâmica da turma. As atividades de ocupação da nova sala conduziram a discussão da tarefa pedagógica para além do conteúdo. Foi possível intervir em formas de ser de algumas crianças que corriam riscos de serem focados como "alunos-problema" mas, na realidade, denunciavam a inadequação do espaço anterior.

A indisciplina que unia dois alunos de uma turma de 3ª série constituiu uma outra cena. Havia um movimento que interditava o avanço destes no sentido da aprendizagem interferindo na relação da professora e de toda a turma com os mesmos. A intervenção direta do estagiário produziu uma fissura na relação entre os dois fazendo com que os mesmos observassem outras possibilidades de conexão com a sala de aula e seus atores. A participação ativa da professora nesse processo fez com que ficasse visível a produção coletiva do lugar do "aluno que não deixa a aula fluir".

A coletivização e outros deslocamentos

Um fundamento importante na construção metodológica deste projeto encontra-se nas contribuições de René Lourau (1993). O principal argumento é a perspectiva de intervenção que aponta para a construção de um campo de múltiplos atravessamentos onde sujeitos e objetos se criam, assumindo que a instituição, que atravessa, cria e forma os grupos.

Ressalta-se a importância da construção de dispositivos que permitam envolver todos os atores na apropriação da dinâmica das relações sociais que se tornam visíveis. Esse processo de apropriação é valorizado como análise coletiva de todas as informações provenientes das ações de investigação/intervenção.

No projeto aqui focalizado, desenvolvido em uma escola pública, coletivizar o trabalho realizado em cada turma pelo estagiário e pela professora, significava colocar à disposição de todas as sete professoras e do conjunto da escola, cada história, cada prática e cada deslocamento por menor que tenha sido. Significava, sobretudo, potencializar o diverso, acolher o movimento.

No decorrer do ano houve três reuniões com as sete professoras envolvidas mais diretamente no trabalho, e cinco encontros com o coletivo da escola que tinham como centro as questões trazidas através da experiência vivida nas sete turmas. O olhar preconceituoso sobre as famílias pobres era a temática central. O desafio era revelar/construir a curiosidade das professoras pelas possibilidades das crianças através da coletivização de alguns acontecimentos e práticas.

Aqui foram construídas algumas interrogações sobre as formas de produzir o "aluno-problema", e de fazer expandir um sofrimento intenso na vida de cada ator. O desenho do aluno trazido nas primeiras reuniões foi problematizado a cada relato feito pelas professoras. As estratégias organizadas com o objetivo de dinamizar estes encontros tentavam produzir espaços que promovessem quebras, rachaduras e contradições nas formas de encaminhar o cotidiano que, às vezes, as fazia endurecer e desacreditar do novo. A violência na sala, o menino inquieto e a tarefa não realizada foram aparecendo como acontecimentos, cenas onde os atores sociais poderiam intervir mudando o final da história. No tempo da escola, "sem pressa", o trabalho dos estagiários e das sete professoras foi ganhando visibilidade. A atividade em grupo foi saindo do campo do "impossível para essas crianças" e tentado como estratégia de potencialização das diferenças. A diversidade foi um tema importante unindo algumas professoras na troca de conhecimentos sobre estratégias de ensino-aprendizagem que respeitassem as crianças e seus mundos. Pequenos deslocamentos, algumas portas abertas.

Na reunião realizada em novembro as professoras já antecipavam o final do ano letivo. Algumas palavras deram sentido ao mês que ainda faltava ser cumprido: alegria; férias; avaliação; cansaço; alívio; felicidade; aprovação; comportamento; rendimento. A possibilidade de reprovação de certas crianças foi o tema central se misturando com a identificação do progresso de outros. Algumas sentenças já haviam sido dadas desde meados do ano e foram sendo questionadas pelo coletivo.

No último encontro desse ano, um novo desenho do aluno foi tentado coletivamente. As sete professoras envolvidas mais diretamente no projeto apresentaram um aluno que ainda, *"precisa de um trabalho que organize seus limites"*. As professoras, assumindo a possibilidade de enfrentamento da violência no cotidiano da escola, trouxeram para si a perspectiva de autoria de seu trabalho. Deslocamento importante que retirava da família a responsabilidade maior pela criança que chega à escola, passando a assumir que a dificuldade em aprender, a indisciplina, a rebeldia, a violência (elementos do primeiro desenho da criança, elaborado no campo desta intervenção) são, também, produções que têm relação com a sua forma de trabalhar na escola. A busca por um exercício singular da tarefa de ensinar se deu em um coletivo que potencializou a invenção como caminho, não como ponto final.

As demais professoras continuaram afirmando o discurso da culpabilização das famílias avançando com pequenos deslocamentos. O cansaço era a palavra central questionada na sua potência de imobilização. A perspectiva de continuidade do trabalho, já acordada para o próximo ano letivo, foi construída a partir dos elementos de deslocamento desse campo de ações e o ato de produzir o "aluno- -problema", deverá se manter como tema central, dando movimento às próximas cenas.

Referências bibliográficas

Ariés, P. (1978). *História social da infância e da família.* Rio de Janeiro: Guanabara.

Benevides de Barros, R. (2001) Grupo – estratégias na formação. In Athayde, M., Barros, M. E. B., Brito, J. & Neves, M. Y. (Orgs.) *Trabalhar na escola? Só inventando o prazer.* Rio de Janeiro: IPUB/Cuca.

Coimbra, C. M. B. (2001). *Operação Rio:* o mito das classes perigosas. Rio de Janeiro: Oficina do Autor.

Coimbra, C. M. B. e Nascimento, M. L. (2003). Jovens Pobres: o mito da periculosidade. In Fraga, P. & Julianele, J. (Orgs.) *Jovens em tempo integral.* Rio de Janeiro: DP&A.

CONFEDERAÇÃO NACIONAL DE TRABALHADORES EM EDUCAÇÃO (2003). *Retratos da Escola 3 –* A realidade sem retoques da educação brasileira. Brasília: CNTE.

Fernandes, A .M. D. (1983). *Rompendo com a produção de uma doença que não dói:*1 uma experiência de alfabetização em Nova Holanda. Dissertação de Mestrado, Fiocruz/ENSP (digit.).

Frigotto, G. (1984) *A produtividade da escola improdutiva.* São Paulo: Cortez/Autores Associados.

Frigotto, G. e Ciavata, M. (2001). *Teoria e educação no labirinto do capital.* Petrópolis: Vozes.

Gentili, P. e Silva, T. T. (1994). *Neoliberalismo, qualidade total e educação.* Petrópolis: Vozes.

Gentili,, P. (1995). *Pedagogia da Exclusão*: crítica ao neoliberalismo em educação. Petrópolis: Vozes.

Gentili,, P. e Alencar, C. (2001). *Educar na esperança em tempos de desencanto.* Petrópolis: Vozes.

Lourau, R. (1993). *Análise Institucional e Práticas de Pesquisa.* Rio de Janeiro: UERJ.

Machado, A. M. (2003). Os psicólogos trabalhando na escola: intervenção a serviço do quê? In *Psicologia escolar:* práticas críticas. Meira, M. e Antunes, (orgs.), São Paulo: Casa do Psicólogo.

Machado, A. M. & Proença, M. (2004). *Psicologia escolar*: em busca de novos rumos. São Paulo: Casa do Psicólogo.

Moysés, M. A . A . (2001). *A institucionalização invisível:* crianças que não aprendem na escola. Campinas: Mercado das Letras; São Paulo: Fapesp.

Patto, M. H. S. (1990) *A produção do fracasso escolar:* histórias de submissão e rebeldia. São Paulo: T. A. Queiroz.

Patto, M. H. S. (2000) *Mutações do cativeiro* – escritos de psicologia e política. São Paulo: Hacker Editores/Edusp.

Rocha, M. L., Wagner, L. G. & Lima, I. C. (2003). Gestão do trabalho e desafios da saúde na educação. In Bock, A. M. B. *Psicologia e Compromisso Social.* São Paulo: Cortez.

Rocha, M. L., Wagner, L. G. (2001) Saúde e Trabalho – a educação em questão. In Athayde, M., Barros, M. E. B., Brito, J. & Neves, M. Y. (Orgs.) *Trabalhar na escola?* Só inventando o prazer. Rio de Janeiro: IPUB/Cuca.

Capítulo VIII

Transversalizando saúde e educação: quando a loucura vai à escola

*Maria Cristina Gonçalves Vicentin**

Introdução

Neste trabalho buscamos apresentar algumas reflexões derivadas de uma experiência no chamado campo da educação inclusiva.

Nossa entrada no campo da educação e mais especificamente na escolarização formal se deu por meio da inclusão de crianças com graves comprometimentos psíquicos[1] em salas de aula regular. Entrada, portanto, mediada e transversalizada[2] pela experiência com a loucura.

---

* Professora do Departamento de Psicologia Social da Pontifícia Universidade Católica de São Paulo. (crisvic1@uol.com.br).

[1] Referimo-nos aos autismos e psicoses infantis ou o ao que o Manual de Diagnóstico e Estatística de Distúrbios Mentais da Associação Americana de Psiquiatria (DSM IV) convencionou chamar de transtornos globais de desenvolvimento (TGD). Associação Americana de Psiquiatria. (1994,).

[2] Transversalidade no sentido forjado por Felix Guattari em seu trabalho no campo da psicoterapia e da análise institucional, como a dimensão que pretende superar os impasses da verticalidade e da horizontalidade - que atravessam os diversos modos de composição do socius - e que tende a se realizar quando uma comunicação máxima se efetua entre os diferentes níveis e nos diferentes sentidos" dessa composição. Daí ele falar em "coeficiente de transversalidade". Cf Guattari. (1987, 3ª ed).

Foi a partir das práticas da saúde mental que passamos a experimentar uma espécie de "química dos encontros"[3] da saúde com a educação, uma espécie de experimentação das potências de intercessão entre os dois campos. Intercessão como interferência criativa[4] e jamais como sobreposição dos códigos e dos territórios de um campo sobre o outro. Ou, dito de outro modo, mantendo uma regra de delicadeza na relação saúde-educação: não sobrecodificando com os códigos psicológicos a tarefa pedagógica, mas ao contrário, considerando que, na intercessão, os dois campos tinham que sair alterados: o da saúde e o da educação.

Desde o início desta experimentação, valemos-nos de uma atitude, de um posicionamento, de uma ética da presença: estaríamos com a escola, colocando nosso saber e nosso fazer à disposição dessa "aventura pedagógica"[5] e nos comprometendo com a construção de uma trajetória de formação nossa e da escola neste trabalho. Construção coletiva, portanto, evitando-se tanto a diluição de responsabilidades quanto a omissão diante do desconhecido ou do imprevisto.

A experiência foi desenvolvida no período de 1997 a 2005, no município de São Paulo, pela equipe de escolarização do Projeto Oficinas Terapêuticas, conduzida por uma parceria entre os Núcleos de Referência de Psicose da Faculdade de Psicologia da PUC-SP e da Clínica Psicológica do Instituto Sedes Sapientiae-SP. Inicialmente focada na aventura de realizar a inclusão de crianças e adolescentes com TGD que participavam de um programa de tratamento realizado na Clínica-Escola da PUC, ganhou, a partir do ano 2000 a dimensão de projeto, sendo desenvolvido num território da cidade – na região de Pinheiros/Butantã – em parceria com as redes municipais de saúde e de educação, e financiado pelo Fundo Municipal de Direitos da Criança

---

[3] Expressão empregada pelo psiquiatra catalão François Tosquelles em entrevista a profissionais de saúde mental. Resumo publicado com o título: "François Tosquelles - a escola de liberdade". (1994).

[4] Intercessor no sentido trabalhado por Gilles Deleuze em *Os Intercessores*. (1992).

[5] Tomo a expressão do educador Antonio Carlos Gomes da Costa, referida a sua experiência educativa com garotas adolescentes em conflito com a lei na Febem-MG relatada no trabalho: *A aventura pedagógica*. (1990).

e do Adolescente, o que permitiu ampliar seu impacto, estendendo-se a experiência para 50 escolas e para um público de 250 profissionais da educação e da saúde mental[6].

Nesse período, além de desenvolver metodologias e estratégias de inclusão escolar, trabalhamos especialmente com a formação de profissionais de saúde e de educação para esse trabalho[7]. É em torno dessa experiência de formação (2001 a 2005) que centraremos algumas das observações nesse texto.

Cabe ressaltar que nesse período o governo municipal da cidade de São Paulo adotara a educação inclusiva[8] como uma política, e diversificadas experiências puderam se realizar, muitas delas compondo potentes modos de trabalho intersetorial e diferentes dispositivos para sua implementação (Fórum de Inclusão, Grupo Intersecretarial de Inclusão).

---

[6] No ano de 2004 a experiência estendeu-se também para o Distrito da Casa Verde, abrangendo outras 40 escolas.

[7] O projeto foi desenhado para favorecer a escolarização de crianças com graves comprometimentos psíquicos, garantindo-lhes o direito à educação, preparando a escola e o professor para ampliar seu repertório de ações em seu cotidiano educativo, tendo ainda como objetivos específicos: preparar a escola para flexibilizar-se e remodelar-se diante de crianças que problematizam o aprendizado e a socialização, desenvolver metodologias e práticas inclusivas, e disseminar os ganhos da experiência para outras escolas e equipes de saúde mental da infância e adolescência, por meio de formação para a educação inclusiva. Num primeiro período (1997-2000) as ações desenvolvidas foram mais artesanais, privilegiando a construção de projetos de inclusão de crianças com graves transtornos psíquicos, caso a caso, muitas vezes com a utilização de acompanhantes terapêuticos da criança na escola, e reuniões sistemáticas da equipe clínica com a escola (professores, coordenadores e direção) e com a família para avaliação e delineamento conjunto do plano de inclusão. A elaboração de projetos individuais busca sustentar/potencializar o caráter peculiar de cada criança no seu processo de ser e de aprender e mobilizar recursos e potências da criança, da família, da escola e da comunidade, num trabalho onde educadores e coordenadores da escola tornam-se articuladores dessas potencialidades. Esse período, bastante experimental, contou também com a criação das oficinas psicopedagógicas, atividade realizada na sala de aula, pelo profissional da saúde conjuntamente com o professor, com uma dupla função: ativar a construção de repertórios "escolares" para as crianças com graves sofrimentos psíquicos e oportunizar para os alunos e o professor a vivência de práticas pedagógicas inclusivas, ampliando suas intervenções no cotidiano escolar. Nesse primeiro momento, buscamos trabalhar na sistematização dessas práticas (teorização e ordenação do modo de fazer) para sua posterior disseminação.

[8] A rede municipal adotou uma estrutura em que os alunos portadores de necessidades especiais contavam com um professor e uma sala de apoio, específica para esse tipo de atendimento, que projetava um plano individual de trabalho com aquele aluno. Os Distritos de Educação no município de São Paulo chegam a ter mais de 60 escolas entre EMEIs e EMEFs e apresentam grande diversidade territorial e cultural, exigindo caminhos singulares para composição da política ainda que dentro do mesmo horizonte de uma escola para todos.

Ao longo dessa experiência, buscamos construir conceitos originados na prática e vivência dos profissionais, planejamos e acompanhamos a formulação de projetos individuais e institucionais das equipes com quem trabalhamos e desenhamos uma série de ações e de atividades que buscavam trabalhar na perspectiva e no espírito da "intervenção institucional"[9].

Tínhamos como lema, naquele momento em que a experiência de educação inclusiva com a loucura estava se constituindo, o mote: "primeiro atira, depois mira...". Isto é, sabíamos que não se fazia uma ultrapassagem de fronteiras tão duras (as da exclusão) sem uma larga dose de risco e sem uma aposta coletiva.[10]

Extrair dessa experiência seus principais aprendizados para transmitir esse "como fazer" é intenção desse texto que reflete nossas andanças e nosso fazer coletivo.[11]

---

[9] No sentido da análise institucional de produzir/suscitar a crise: "transformar para conhecer" e não "conhecer para transformar". Ver: Lourau. (1996); Lourau, R. & Lapassade, G. (1972).

[10] Herdamos do conjunto das experiências ditas 'antimanicomiais', de 'desinstitucionalização', o aprendizado de que se as terapêuticas não mudam a vida, não terão valido a pena. Ou seja, não podíamos conceber uma política de saúde mental que se eximisse de fabricar a teia social em torno da infância e da adolescência, que não se comprometesse em ultrapassar coletivamente as barreiras da exclusão. Essa é a principal chave do nosso trabalho: transformar os graves comprometimentos emocionais em compromissos coletivos; converter uma rede de danos numa rede de desafios que acolhe e impulsiona. Era preciso romper o círculo vicioso dos danos que impedem que as famílias e suas crianças diferentes se envolvam num projeto de futuro e o território escolar era o lugar mais poderoso para esta empreitada. Posicionamos-nos numa perspectiva ético-político-clínica, isto é, onde não se coloquem fronteiras ou se separem os campos da clínica, da política e da ética. Devemos à loucura esse modo de trabalhar, mas também às experiências de educação dirigidas a crianças e adolescentes em situação de risco, que no Brasil consolidaram uma importante experiência com a educação de rua e com a "pedagogia da presença". Ver: Costa. (2001).

[11] As ideias aqui apresentadas devem ser creditadas a esse plano coletivo, que teve na coordenação: Odelis Basile, Deborah Sereno, Simone Al-Behy André pelo NRP (Sedes) e eu, pelo Núcleo de Psicose da PUC-SP e a aposta e a inventividade da equipe PUC/Sedes de estagiários, aprimorandos e profissionais de psicologia e de psicopedagogia. Na segunda etapa de trabalho, sem a parceria da equipe de Saúde Mental do Ambulatório de Especialidades do Peri-Peri e a Coordenação de Educação Pinheiros Butantã, esta experiência não teria saído do papel.

Educação Inclusiva: algumas palavras para começo de conversa

Como âmbito de políticas públicas e também como campo conceitual e metodológico, a chamada educação inclusiva tem uma história relativamente recente e em plena construção, mas que já apresenta inflexões e tensões importantes.

Desde as problematizações da educação especial em função dos seus efeitos de segregação e de "institucionalização da deficiência"[12] que estamos passando da ideia de "integração escolar à inclusão"[13], no horizonte de uma educação para todos.

Na esteira da luta dos movimentos sociais por cidadania, pelo direito à diferença ou contra o "assujeitamento"[14], os portadores de necessidades especiais configuraram um campo de exigibilidade de direitos que se expressa hoje no Brasil tanto na legislação (Lei de Diretrizes e Bases da Educação, ECA) quanto nas políticas públicas.[15]

Essa passagem da integração à inclusão vem acompanhada de diferentes compreensões, experimentações e tensões. A própria noção de inclusão/exclusão tem um escopo conceitual de enorme amplitude e complexidade[16]. Diversos estudiosos e militantes desse campo

---

[12] Desde 1994 que a Carta de Salamanca (resultado da Conferência Mundial sobre Necessidades Especiais) preconiza que a escola regular deve acolher todas as crianças. Para uma aprofundada discussão da deficiência como instituição, isto é, como saber/prática socialmente constituído e não como natureza, ver: Lobo (1992).

[13] Inclusão como reestruturação da escola em oposição à integração como adaptação da criança à escola. Sobre essa discussão, ver: Kupfer, M. C. M. (org). (2000).

[14] Refiro-me à distinção proposta por Foucault entre as lutas por resistência ou por subjetivação e as que se opõem à dominação ou à exploração. A primeira questiona o lugar do sujeito, os mecanismos de assujeitamento, mediante a categorização, a individualização, a identificação e a imposição de uma verdade A subjetivação diz respeito ao modo histórico de devir sujeito que supere os limites e as formas a que estamos assujeitados. Ver: Dreyfus, H. & Rabinow, P. (1995).

[15] É inegável o crescimento das ações no campo da inclusão social e escolar dos deficientes físicos, mentais, dos portadores de sofrimento psíquico. Como exemplo, cabe lembrar a campanha do Conselho Federal de Psicologia em torno da educação inclusiva, desenvolvida no período 2004-2005 pela Comissão de Direitos Humanos que mobilizou os psicólogos para engajaram-se nesse compromisso.

[16] Sobre essa discussão, especialmente no campo da educação, remeto o leitor ao trabalho de Carlos Skliar: *Pedagogia (improvável) da diferença. E se o outro não estivesse aí?* (2003).

já fizeram a crítica da inclusão como incluir em algo ou em algum regime já instituído, convocando a inclusão na sua dimensão de permanente regime de produção de si e de diferenciação, e alertando para a necessária política de universalização do direito à educação como direito à educação de qualquer um, isto é, do diverso. A emergência, a partir da década de 1960, de sujeitos sociais que se apresentam como minoria e que reivindicam sua diferença em relação a padrões sociais hegemônicos de normalidade, nos fala dos limites de pensar um modo universal de subjetivação. Assim, é a perspectiva mesma dos direitos humanos, tal como se encontra instituída, que precisa ser reconceituada, problematizando-se o princípio da universalidade do humano (como essência ou natureza) ou a noção de indivíduo, como eixo organizador dos direitos para dar lugar à discussão em torno da multiplicidade de configurações do humano e dos processos de subjetivação (Coimbra, 2002).

Do mesmo modo, outra linha de pensamento tem discutido as dificuldades da escola em se democratizar, situação na qual as turbulências desse processo muitas vezes significadas como indisciplina, violência, fracasso escolar ou ainda como resistência à entrada dos chamados "portadores de necessidades especiais" dão sinal dessa resistência da escola.[17] De fato, quando a loucura chega à escola é o momento em que esta enfrenta a queixa sistemática de fracasso e de indisciplina (o que a loucura só intensifica, colocando a escola ante um não saber). Não se trata neste trabalho de empreender a história e os rumos dessa ampla discussão, mas é importante assinalar brevemente o modo como concebemos esse campo da educação inclusiva.

A educação inclusiva não é e nem deve se restringir aos chamados "portadores de necessidades especiais". O sentido estrito do termo educação inclusiva seria o de abordar sujeitos que fogem à normalidade exigida pela escola regular, alunos que, em tese, exigiriam algum conhecimento especial da escola por serem diferentes dos que normalmente têm acesso à educação. Ou seja, o termo educação

---

[17] Sobre essa discussão, ver: Aquino. (1996).

inclusiva vem nos lembrar, de algum modo, que a educação não tem sido para **todos**. O trabalho de educação inclusiva, tal como nós o temos formulado, incide na ideia de que a educação inclusiva é solução para toda a escola, pois desafia a educação a ser boa para todos. Esta ideia, colocada desde a conferência de Jomtiem, no início dos anos 90 – "educação para **todos** e **todos** pela educação" – é uma expressão-síntese que permite várias leituras, mas é uma afirmação clara de que nosso tempo nos dá as condições de estender o direito à educação para **todas** as crianças e os adolescentes e ainda não o fizemos.

No entanto, a segunda parte da expressão cunhada em Jomtiem – " **todos** pela educação" – afirma que a vontade política para estender a educação para **todos** deve ser de **todos**, ou seja, de cada um de nós. Ainda não está na vontade política de **todos** que **todos** caibam na escola ou no mundo. Isto é, a maneira de ver a educação não é ainda totalmente inclusiva quando fazemos uma escola que só permite que metade dos alunos aprenda, quando fazemos uma escola em que os alunos que estão na oitava série aprendem tanto quanto se estivessem na quarta série, quando fazemos uma educação mais pobre para os mais pobres.

Todos os esforços que vimos empreendendo para tornar a educação inclusiva não devem ter um ponto de partida e horizonte restritos à inclusão daqueles cujas diferenças físicas, psíquicas e culturais os segregariam do **todos**. Devem, sobretudo, potencializar a capacidade de nossas escolas, nossas famílias, nossas comunidades de tornarem-se inclusivas, de aprenderem a conviver com as diferenças que nos tornam a **todos** únicos, irrepetíveis, singulares.

Explicitamos aqui algumas das razões que fazem com que a educação inclusiva seja entendida e pensada como uma utopia ativa, como um dispositivo[18] para a promoção da educação para todos e não

---

[18] A noção de dispositivo, desenvolvida por Foucault e trabalhada por Deleuze (especialmente em seu livro sobre Foucault) aponta para algo (uma montagem, um artifício, uma estratégia) que faz funcionar, que aciona um processo de decomposição, que produz novos acontecimentos, que acentua a polivocidade dos componentes de subjetivação, que transforma os horizontes do real, do possível e do impossível. (Baremblitt,.1992).

como uma ação, uma técnica ou projeto na escola. Trata-se de uma mudança de paradigma: uma mudança no modo de ver, pensar, sentir e agir em relação à educação.

Mas será na apresentação de alguns aspectos de nossa trajetória neste campo que poderemos evidenciar essa dimensão "dispositivo", pois se pleiteamos que a educação inclusiva é uma estratégia para realizarmos a educação para todos, é necessário pensar qual é a via preferencial de transformação que ela produz na escola/comunidade e que a faz um dispositivo potente. Mas antes será necessário discutir o que a experiência com a loucura tem a transmitir à educação e às políticas de educação inclusiva.

A loucura é paradigmática para conceituar/ implementar a educação inclusiva

Na segunda metade do século XX (pós-guerra), uma revolução se fez sentir no campo da saúde mental. A guerra trouxe mutações inesperadas neste campo: se aos normais já era difícil sobreviver em meio à guerra, o que dizer dos loucos, tantos anos segregados do convívio? Muitos morreram – apenas na França contabilizaram-se 40 mil – mas, outros, lançados à própria sorte, tiveram que inventar suas formas de viver e puderam mostrar que tinham recursos para viver! Mas foi principalmente quando médicos e enfermeiros europeus – que conheceram, na condição de prisioneiros, os campos de concentração – reconheceram as semelhanças entre o manicômio e o campo, que a sensibilidade social em relação à loucura alterou-se. Outras linhas de força – que não poderemos examinar aqui em detalhes – contribuíram para que nos anos 1940-1980, em diversos países, se experimentasse uma revolução nas formas de ver, pensar e agir com relação à loucura, construindo o que hoje nomeamos como Reforma em Saúde Mental.

Da descoberta de que as instituições podiam adoecer, e fazer adoecer mais do que tratar, à invenção italiana da "desinstitucionalização da doença mental", o trabalho com a psicose explodiu com as tradicionais formas de tratar (com o modelo bipessoal, psicoterápico e principalmente com o modelo privado de pensar o sofrimento mental), convocando os coletivos, a dimensão pública do adoecer e uma diversidade de saberes, questionando as totalizações teóricas e promovendo a intercessão em campos sempre separados: arte e clínica; clínica e política etc.

Ou, conforme a fórmula basagliana[19], inverte-se a lógica do tratamento: não mais um manicômio-prisão, mas a ideia de uma instituição de tratamento como um mercado persa, um espaço de trocas. Assim, boa parte das ações de saúde mental no final do século XX foi construir outros modos de relação para as pessoas que delas estiveram apartadas (como efeito de 200 anos de institucionalização) e para aqueles que tinham uma estranha relação com o mundo.

Nessa direção do como construir relações, a experiência da Reforma Psiquiátrica problematizou intensamente a relação entre formação e clínica, formação e assistência, ao entender que não há como tratar sem tratar primeiro a instituição, isto é, não há como alterar a cultura manicomial sem dessegregar os profissionais, sem desinstitucionalizar os especialismos, a fragmentação de saberes e sem colocar em análise a relação dos profissionais com seu objeto de trabalho.

Lembremos também de F. Tosquelles e J. Oury (que formularam na França a psicoterapia institucional), que propõem que a clínica da psicose sustenta-se menos num campo especializado de saberes, num conjunto de técnicas ou de aprendizados teórico-metodológicos, e mais numa rede de conversações, numa trama social de acolhimento da singularidade, numa pedagogia da convivência. Daí que Tosquelles, quando monta sua equipe de saúde (em meio à guerra civil espanhola) selecione exatamente os que sabiam estar com os outros, porque, ele

---

[19] Franco Basaglia é um psiquiatra italiano que nos anos 1960-1980 conduziu uma das experiências mais radicais no campo da saúde mental, desmontando o hospital psiquiátrico da cidade de Trieste, constituindo o paradigma da desinstitucionalização que inspiraria diversas experiências, inclusive no Brasil. Ver: Basaglia. F. (1979).

dizia: é fácil ensinar psiquiatria para alguém, mas "gasta-se muito tempo transformando alguém em uma pessoa que saiba estar com os outros". (Tosqueles, 1994, p.99). Também J. Oury, na mesma direção, compreendeu que as competências para o trabalho com a loucura põem em jogo muito mais que nossos aprendizados estritamente profissionais. Põem em jogo uma modificação, uma transformação do sujeito que se engaja neste trabalho, pois a loucura nos pede presença, que nos pede que sejamos sensíveis àquilo que se passa no nível dos "encontros"[20]; nos convoca a estabelecer uma relação não tradicional, não formal e muito menos não hierarquizada com nossas competências pessoais, sociais, cognitivas e operativas.[21]

Todas as experiências que se constituíram neste período em diferentes países nos legaram a ideia-força de que os coletivos, a experiência em comunidade, a circulação no mundo, o encontro entre diferentes são os melhores dispositivos de tratamento, que passam a ser entendidos como espaços de cuidado, de produção de vida, de sociabilidade e de autonomia. Assim, boa parte do trabalho em saúde mental pode ser traduzida numa pedagogia da convivência, no desenvolvimento de competências relacionais.

Estamos começando a ver que a clínica dos transtornos graves, por ter gestado este grande laboratório de pedagogia social, longe de ser uma clínica dos problemas, pode ser uma clínica das soluções quando se trata de pensar e realizar a dimensão do convívio. Principalmente se pensarmos que boa parte da tarefa de educação e de formação hoje (especialmente no horizonte de democratização da educação) diz respeito ao aprender a conviver.[22]

---

[20] Encontros não são fatos quaisquer, mas acontecimentos singulares e inesperados no âmbito da relação com o outro.

[21] Ver Oury, J. (1991. p. 42-50).

[22] Quando uma escola se abre para receber uma criança "diferente" das que está acostumada a educar, a primeira coisa que precisamos desenvolver com a comunidade escolar é esse tipo de sensibilidade em relação às diferenças: aceitar a partir do que se é (e não a partir do que falta); relacionar-se com presença educativa (olhar, ouvir, sentir, falar, tocar); comprometer-se com integralmente com o desenvolvimento desse ser. Conviver é uma aprendizagem ampla que vai desde as relações interpessoais até o exercício do convívio democrático e passa ainda por sentidos e atitudes muito básicas que devem ser cultivadas por toda a comunidade escolar, especialmente pelos educadores: abertura, reciprocidade e compromisso. (Sobre estes sentidos básicos, ver: Costa. (2001).

Ao equacionarmos os problemas que surgem no processo de escolarização dessas crianças-diferentes, capacitamos a escola para lidar com uma imensa gama de questões de seu cotidiano. São questões que incidem nos seguintes pontos:
- a rigidez diante das diferenças psíquicas, culturais e sociais que determinam as diferentes formas de aprender;
- a inércia diante daqueles que não se adaptam aos padrões de socialização estabelecidos e que terminam por ficar à margem da escola e de suas comunidades;
- com as crianças loucas, a dimensão pática[23] e relacional ganham relevo na escola e nos fazem relembrar a educação grega, a paideia. No ideal do homem grego, expresso na Paideia[24], "Pathos é a dimensão do sentimento, da afetividade, geradora da empatia, da antipatia e da apatia na relação do homem consigo mesmo e com os outros".

Com a loucura problematizamos nossas tradicionais concepções de formação em que predominam as ideias de universalidade, método, questão e resposta, julgamento e verdade, 'ideias justas' e de conhecimento total, acabado, que se dirige ou se exerce sobre uma realidade à parte (a velha dicotomia sujeito-objeto)[25]. Sabemos o quanto a escola

---

[23] De phátos, grego = "o que se experimenta –aplicado às paixões da alma ou às doenças" (dic. Houaiss). A relação pática não deve ser tomada com um modo rude, primitivo ou espontaneísta de aprender, mas indica a possibilidade de apreender globalmente uma situação relacional. Uma apresentação da concepção do pático na relação com a psicose no pensamento de Tosquelles pode ser encontrada no livro: *A psicoterapia institucional e o Clube dos Saberes*, de Arthur Hyppólito de Moura, Ed. Hucitec, São Paulo, 2003.

[24] Os quatro pilares da aprendizagem, propostos pela UNESCO (aprender a ser, a conviver, a aprender e a fazer) dialogam, de um certo modo, com a Paideia grega, que entendia a educação em quatro dimensões: Logos (razão), Pathos (sentimento); Eros (desejo, corpo) e Mythos (mistério da vida), todas não hierarquizadas. O Iluminismo e a educação disciplinar instituíram a predominância da razão sobre todas as dimensões e disciplinaram as demais: transformaram Eros em "educação física", Mythos em "educação disciplinar" etc.

[25] Refiro-me ao modo dominante de pensar a formação, a partir do final século XVIII, pela constituição de aparelhos uniformizadores dos saberes, com seu papel de selecionar saberes, de distribuir a qualidade e a quantidade de saberes em diferentes níveis e escalões (que é o papel do ensino), de organizar consensos e comunidades científicas, fomentando basicamente as competências da racionalidade científica: seleção, normalização, hierarquização, centralização. (Foucault, 1999).

expurga do seu cotidiano tudo que é do âmbito do inesperado, do incontrolado, da diferença, da angústia ou da criação para encaixar de algum jeito nas referências dominantes tais realidades fugidias. Este tipo de formação, frequentemente modulada pela escola, pela universidade, se aparenta em muito com o paradigma manicomial: instrumentalização e fragmentação do saber, distanciamento teoria--prática, distanciamento saber-vida/realidade, hierarquia e autoritarismo, racionalidade não operativa etc., isso que faz, às vezes, da escola esse lugar da ordem e da reprodução, tão oposto ao acontecimento e à vivacidade/prazer da descoberta e da invenção conceitual.

Chamemos a este modo dominante de formação, de "formação--conhecimento" ou "formação-verdade" para distingui-las da "formação-pensamento", que é o que nos interessa acentuar.

O curso de educação inclusiva

Uma decorrência importante de toda essa aposta era disseminar para mais gente esse modo de operar, formando profissionais, tanto na saúde quanto na educação, que viabilizassem essas parcerias sociais para a educação inclusiva.

Numa ação articulada com o Grupo Intersecretarial de Apoio à Inclusão (equipe intersecretarial das Coordenações de Saúde e de Educação do distrito do Butantã, no município de São Paulo), desenvolvemos (em 2002-2003) uma estratégia de formação com a comunidade escolar e a rede de saúde mental do Butantã/Pinheiros.

Nosso principal desafio era construir uma metodologia compatível com a ideia da formação-pensamento, de curso como percurso. Precisávamos inocular na própria metodologia de formação o sentido da educação inclusiva, produzindo no percurso com os professores as ideias-força e as ferramentas práticas mais potentes para este trabalho. Se entendemos que a educação inclusiva é uma mudança de paradigma que envolve os modos de ver, pensar e de agir, o processo de formação precisava incidir em todos estes âmbitos, de forma articulada. Assim:

a) o curso foi concebido então como uma formação teórico-prática com o objetivo de desenvolver, compartilhar e assimilar uma metodologia de inclusão escolar, na qual aprende-se e torna-se agente da inclusão, concomitantemente;

b) o curso foi dirigido simultaneamente a profissionais da educação e da saúde e outros interessados (e que fossem estratégicos na configuração dos dispositivos coletivos de proteção como conselheiros tutelares, profissionais da assistência social), de forma a articular os diferentes equipamentos e profissionais de um mesmo território, suscitando a produção de rede e a formulação conjunta de planos de trabalho;

c) o curso foi proposto em três dimensões:

I) *pensar*: desenvolver ferramentas conceituais para o trabalho com a diversidade (jornadas teóricas, com profissionais convidados, em torno de temáticas tais como: Sentido da Educação Inclusiva; O trabalho em rede; modelo do dano X modelo do desafio; apresentação de experiências de montagem de redes para a inclusão);

II) *sentir*: desenvolver atitude ético-corporal para o trabalho (jornadas vivenciais, trabalhadas por meio da multiplicação dramática, que tinham a função de compartilhar afetivamente as experiências escolares – de dificuldades e de sucesso – compondo um repertório coletivo de gestos, de atitudes e de compromissos existenciais);

III) *agir*: construir e implementar projetos de inclusão a partir de casos e situações concretas. (desenvolvimento de habilidades de análise de contexto, planejamento de projetos, montagem de redes).

d) o curso privilegiou o *agir* (a construção concreta de projetos de inclusão) e a identificação das potências/recursos presentes na comunidade escolar e no seu entorno. As jornadas do agir tomavam praticamente a metade do tempo destinado à formação e se realizavam sempre com grupos menores, articuladas territorialmente (as escolas municipais de ensino infantil e de ensino fundamental e as unidades de saúde daquela região).[26] Cada grupo do *agir*, por sua vez, constituía um sub-grupo em torno de um projeto (um sub-grupo podia reunir mais de uma escola, mas sempre misturava saúde e educação) que podia ter em comum uma situação concreta: a formulação de um projeto de inclusão para uma criança X ou um tema: a formulação de programas de trabalho com famílias etc.

As jornadas do *agir* eram estruturadas sempre tendo uma roda inicial de apresentação de algum saber disponível naquele grupo[27] (da saúde ou da educação), o que por si só já contribuía para inúmeros esclarecimentos e longe de produzir um aumento na demanda de encaminhamentos para a saúde – um dos temores iniciais da rede de saúde –, o diálogo saúde-educação permitiu que se desmontasse o modelo do encaminhamento (com relatórios, diagnósticos e infindáveis idas e vindas que produzem o abandono pela fragmentação e desarticulação dos serviços) e se apostasse no paradigma do encontro[28].

No tempo seguinte da jornada do *agir*, cada sub-grupo analisava o contexto da situação-problema por ele escolhida, preparava-se para construir novas informações e produzir outras perguntas e formular um projeto (que devia ter pelo menos uma de suas ações realizadas no período em que o curso acontecia). Ao longo do processo de formulação do projeto, os sub-grupos faziam apresentações do mesmo (em seus diferentes estágios de desenvolvimento), momentos em que todos agregavam

---

[26] Se o curso tinha de 60 a 80 participantes, atingindo 20 escolas, nas jornadas do 'agir', os sub-grupos reuniam em torno de 20 a 25 participantes e seis a sete instituições.

[27] A ideia aqui era trabalhar com a concepção de inteligência coletiva (e a árvore de conhecimentos) de P. Levy e M. Authier (1995). "Todo mundo sabe algo, ninguém sabe tudo, todo o saber está na humanidade".

[28] A lógica de criação de dispositivos coletivos de proteção é absolutamente diferente do encaminhamento. No encaminhamento passa-se ao outro uma bola (ou a chamada batata quente) e supomos que nos livramos do problema; ou que aquela parte do problema está com outro. Na rede de proteção é a convergência de ações com um sentido compartilhado que potencializa o trabalho, o que pressupõe a lógica do encontro.

novas questões, ideias, sugestões...que faziam coletivizar todos os projetos;

e) no decorrer do curso introduziu-se uma função itinerante: cada jornada era realizada numa escola diferente (ou nos equipamentos de saúde, como os Centros de Convivência) dentre as participantes do curso. Essa perambulação aproximou o conjunto de participantes de uma visão mais ampliada da realidade de sua região, permitiu trocas importantes a partir da experimentação da ambiência de cada local, além de gerar uma salutar competição em torno do melhor lanche ou da melhor recepção: maneira de mostrar os dotes, as potências de cada local, mas também de abrir-se para uma análise coletiva do seu funcionamento[29];

f) a equipe responsável pela condução do curso era a parceria PUC/Sedes e Grupo Intersecretarial de Apoio à Inclusão (que reunia gestores da saúde e da educação na região). Ou seja, o planejamento era realizado com a equipe gestora da política pública que também participava do curso atuando na sua função de referência/suporte/articulador (rede de redes). Essa proximidade entre gestor e executor, bem como a transversalização permanente dos âmbitos conceitual, afetivo e pragmático no curso, contribuiu para articular a dimensão macropolítica e micropolítica na educação, porque fez produzir intercessão entre o campo dos princípios, diretrizes e ações e o campo da produção de subjetividade, ou, dito de outro modo, entre o campo dos interesses, dos diálogos e o dos desejos, do pático.

Os resultados que vimos emergir desta metodologia foram:

a) a discussão de situações concretas da escola e a consequente construção de um plano de ação permitiu romper com o

---

[29] Nas rígidas demarcações territoriais/institucionais de que tradicionalmente são investidas boa parte das escolas e das equipes, a colocação em comum de seus saberes e dificuldades foi uma conquista importante.

formalismo do aprendizado conceitual, reconectando o professor com o sentido e os efeitos da sua intervenção educativa.

b) a troca de experiências, discussão e elucidação de questões do cotidiano do educador, estabelecimento de redes e parcerias aprofundaram os vínculos dos educadores entre si e com seu trabalho.

c) o processo em conjunto contribuiu para superar a distância e as diferenças de linguagem e concepções entre saúde e educação, inaugurando-se a construção de um pensamento/ação que reúne elementos dos diferentes saberes, constituindo-se um passo decisivo na formulação de uma política pública intersetorial, territorial e de corresponsabilidade.

d) o trabalho em grupos com equipamentos de saúde e educação da mesma região colaborou para o conhecimento mútuo, a reconstrução dos vínculos de confiança e a potencialização do sentido da ação pública, na medida em que vai se reconfigurando um horizonte de intenções coletivas e convergentes.

Aprendemos também desta experiência que só se realiza educação inclusiva se os pesos das identidades teóricas, profissionais, esses nossos 'especialismos', não impedirem o trabalho conjunto. Isto é, se as diferenças entre saúde e educação forem postas a serviço da construção de práticas e saberes transversais.

Referências bibliográficas

Costa, A. C. G. da (1990). *A aventura pedagógica*. Belo Horizonte: Columbus.

_____. (2001). *A presença da pedagogia:* teoria e prática da ação socioeducativa. São Paulo: Global e Instituto Ayrton Senna.

Aquino, J. G. (1996). (org) *Indisciplina na escola* - alternativas teóricas e práticas. São Paulo: Summus.

Associação Americana de Psiquiatria. (1994). *Manual de diagnóstico e estatística de distúrbiosmMentais. DSM IV*, 3ª ed. São Paulo: Manole.

Baremblitt, G. (1992). *Compêndio de análise institucional e outras correntes.* teoria e prática. Rio de Janeiro: Rosa dos Tempos.

Baságlia, F. (1979). *A psiquiatria alternativa* : contra o pessimismo da razão, o otimismo da prática. Conferências no Brasil. São Paulo: Brasil Debates.

Coimbra, M. C., Passos, E. & Benevides, R. (2002). Direitos Humanos no Brasil e o Grupo Tortura Nunca Mais/RJ. In *Clínica e política:* subjetividade e violação dos direitos humanos. Equipe Clínico-grupal Grupo Tortura Nunca Mais/RJ. Rio de Janeiro: Instituto Franco Basaglia, Te Cora.

Deleuze, G. (1992). Os intercessores. In *Conversações*. São Paulo: Ed. 34.

Foucault, M. (1995). O sujeito e o poder. In Dreyfus, H. e Rabinow, Pl. *Michel Foucault-* uma trajetória filosófica. Rio de Janeiro: Forense Universitária.

_____.(1999). *Em defesa da sociedade.* São Paulo: Martins Fontes.

Guattari, F. (1987). A transversalidade. In *Revolução Molecular:* pulsações políticas do desejo. 3ª. ed. São Paulo: Brasiliense.

Gallio & Constantino. (1994). François Tosquelles - a escola de liberdade. In *Saúde Loucura 4.* São Paulo: Hucitec.

Kupfer, M. C. M. (2000). (org) *Tratamento e escolarização de crianças com distúrbios globais do desenvolvimento.* Salvador: Ágalma.

Levy, P. & Authier, M. (1995). *As árvores de conhecimento*. São Paulo: Escuta.

Lobo, L. F. (1992) Deficiência: prevenção e estigma. In *Grupos e instituições em análise.* (orgs) Rodrigues, H. B., Leitão, M. B. & Barros, R. D. B. Rio de Janeiro: Rosa dos Tempos.

Lourau, R. e Lapassade, G. (1972). *Chaves da Sociologia*. Rio de Janeiro: Civilização Brasileira.

Lourau, R. (1996). *A análise institucional*. Petrópolis: Vozes.

Moura, A . H. de (2003). *A psicoterapia institucional e o clube dos saberes*. São Paulo: Hucitec.

Oury, J. (1991). Itinerários de formação. *Revue Pratique*, n. 1, p. 42-50. (Tradução Jairo Goldberg , mimeo).

Skliar. C. (2003). *Pedagogia (improvável) da diferença:* e se o outro não estivesse aí? Rio de Janeiro: DP e A.

Capítulo IX

Reflexões sobre educação, pós-mídia e produção de subjetividade no contexto escolar

*Luciana Lobo Miranda**

A experiência do homem contemporâneo encontra-se cada vez mais mediada pela tecnologia. De um simples telefonema à navegação via internet, passando pela TV, os meios de comunicação de massa, grandes aliados das inovações tecnológicas, atravessam o nosso cotidiano. Neste grande leque de tecnologias ligadas à comunicação, a televisão merece destaque especial. Ao contrário do computador, a televisão cobre quase inteiramente o território nacional, difundindo valores, costumes e comportamentos. A mídia protagonizada pela televisão representa um dos maiores difusores da cultura da imagem. Proliferam no Brasil os aparelhos de TV, nas chamadas classes populares. Se por um lado o barateamento dos aparelhos tecnológicos, principalmente a TV, pode ser apontado como um dos responsáveis pela democratização da informação, pois torna acessível um significativo bem cultural, por outro, tal disponibilidade muitas vezes

---

[*] Doutora em psicologia pela PUC- RJ, Professora Adjunta do Departamento de Psicologia da Universidade Federal do Ceará (UFC); Professora e supervisora de estágio em psicologia escolar/educacional; Membro do LAPSUS (Laboratório de Psicologia em Subjetividade e Sociedade) Coordenadora do projeto de extensão TVEZ - Educação para o uso crítico da mídia. (lobo.lu@uol.com.br)

vem sendo acompanhada de massificação de gostos, desejos, costumes, valores e modos de pensar. A tela de TV aparece como a nova janela para o mundo. Os fatos só parecem acontecer se são mediados pelos sistemas de informação/comunicação.

A subjetividade urbana revela-se, então, atravessada por uma interminável profusão de imagens e de sons, em grande velocidade, e em pequenos intervalos de tempo, que nos chegam diariamente, mediante a mídia impressa: revistas, jornais, *outdoor*; *broadcasting*, rádio, televisão; e a tecnologia digital/informacional dos computadores. Ainda é possível negligenciar o papel da mídia como lugar privilegiado de circulação e produção de modos de ser, pensar, sentir na contemporaneidade? Fazemos eco à indagação de Guattari (1992-a p.14), quando este se pergunta:

> Devem-se tomar as produções semióticas dos mass mídia, da informática, da telemática, da robótica etc... fora da subjetividade psicológica? Penso que não. Do mesmo modo que as máquinas sociais podem ser classificadas na rubrica geral de Equipamentos Coletivos, as máquinas tecnológicas de informação e de comunicação operam no núcleo da subjetividade humana, não apenas no seio de suas memórias, da sua inteligência, mas também da sua sensibilidade, dos seus afetos, dos seus fantasmas inconscientes.

No Brasil algumas pesquisas recentes mostram que as crianças e jovens passam, em média, mais de três horas em frente ao aparelho de TV, disputando com a família, a escola e a rua, a responsabilidade pelo seu processo de formação[1]. Diante da sedução dos meios de comunicação, pais e educadores se questionam a respeito de sua validade na educação. Atualmente, embora experiências de produção de mídia feita por crianças e jovens se multipliquem pelo Brasil, através prin-

---

[1] Segundo o Instituto Ipsos, 57% das crianças brasileiras ficam mais de 3 horas assistindo TV, enquanto os dados do Ibope afirmam que, em setembro de 2004, crianças e jovens entre 4 e 17 anos, ficaram em média quatro horas e 25 minutos, por dia. Fonte: Castro *in* Folha de São Paulo, 17 de outubro de 2004.

cipalmente de iniciativas de ONGs, nas escolas o caminho parece ser um pouco mais tortuoso. Embora estejam conscientes da importância da mídia, especialmente da TV, presentes nas falas, gestos, desejos que se reproduzem e se amplificam no cotidiano escolar, é comum o espaço reservado à discussão sobre os modos de agir, pensar, sentir, amar, veiculados pela mídia, restringir-se ao recreio ou a conversas paralelas, tão combatidas nos bancos escolares.

Nosso país também se encontra historicamente marcado por um fosso social, fazendo com que tenhamos muitas vezes, de um lado, uma infância *hi-tech*, frequentando escolas pouco *hi-tech,* mas preocupadas com tais demandas e, de outro, uma infância e juventude negligenciadas, desapropriadas do seu direito de ser criança/jovem, numa escola desmantelada, e assim, por via de consequência, refletindo seriamente em sua qualidade.

Assim, assumindo a dificuldade de falar de uma Escola (com E maiúsculo), num país onde é também problemático pensar numa Infância ou numa Juventude (com I e J maiúsculos), como existência única e homogênea, problematizaremos a relação educação, mídia e subjetividade. Nossa análise é elaborada a partir de duas experiências distintas: uma pesquisa qualitativa realizada no projeto *"Capacitação de jovens em produção de vídeo"* da TV Maxambomba, e o projeto de extensão da UFC *"TVEZ: Educação para o uso crítico da mídia"*.

Trata-se de trabalhos com incursões analítico-reflexivas distintas, pois, enquanto o primeiro representa parte do trabalho de campo de minha pesquisa de doutorado, com categorias de análise construídas ao longo de quatro anos de articulação teórico-prática, o segundo é fruto de um projeto de extensão, que se encontra em seu primeiro ano de intervenção, e apresentamos no presente artigo suas primeiras reflexões[2]. Enquanto cartografia, a análise dos processos realizados no trabalho de campo e na extensão, não pretende ser generalizada, porém fala sobre a experiência da educação escolar atual. Como balizadores de nossa análise, nos serviremos do suporte

---

[2] Para maiores detalhes sobre a pesquisa realizada na TV Maxambomba ver Miranda (2000-b, 2002).

teórico-metodológico da Análise Institucional, bem como de alguns conceitos de Félix Guattari[3].

Produção de subjetividade e pós-mídia

Vale a pena então definir, mesmo que de forma sucinta, o que estamos chamando de produção de subjetividade. Ao invés de localizada numa substancialidade psíquica, como é comumente tratada no discurso "psi", propomo-nos, com auxílio do pensador Félix Guattari um redimensionamento deste conceito onde, segundo o autor, a subjetividade encontra-se constantemente produzida por "...instâncias individuais, coletivas e institucionais" (1992-a, p.11), sem que haja qualquer hierarquia entre elas. Subjetividade para além do sujeito individual, produzida junto ao *socius*.[4]

> Seria conveniente definir de outro modo a noção de subjetividade renunciando totalmente à ideia de que a sociedade, os fenômenos de expressão social são a resultante de um simples aglomerado, de uma simples somatória de subjetividades individuais. Penso, ao contrário, que é a subjetividade individual que resulta de um entrecruzamento de determinações coletivas de várias espécies, não só sociais, mas econômicas, tecnológicas, de mídia etc. (Guattari e Rolnik, 1986, p.34).

Dessa forma, as mudanças no campo da tecnologia, as relações

---

[3] O Movimento Institucionalista que teve como Guattari um de seus representantes, discute a instituição, não como uma questão empírica, isto é, no sentido de uma organização que se corporifica em determinado estabelecimento, e sim num sentido conceitual. Neste caso, a instituição seria o corpo de regras e valores sociais que se produzem e se reproduzem no cotidiano com estatuto de verdade, guiando o comportamento e o padrão ético das pessoas. Assim, a instituição não é da ordem do natural e caberia a Análise Institucional trazer à tona as condições de possibilidade de seu engendramento histórico. Como exemplo de instituição, podemos citar o casamento monogâmico, a família nuclear e a religião. A este respeito ver Kamkhagi & Saidon (orgs.) (1987) e Baremblitt (1992).

[4] Para aprofundamento do conceito de subjetividade aqui proposto v. Guattari (1990, 1992-a); Lins (1997) e Miranda (2000-a).

espaço-temporais, a produção de imagens, para apenas citar alguns exemplos, são fundamentais para o entendimento dos caminhos da produção da subjetividade contemporânea. No entanto, escapando a uma "demonização" dualística, muitas vezes impetrada à evolução tecnológica contemporânea, ou a aceitação acrítica de qualquer coisa que seja vendida como novidade, e por isso superior à anterior, Guattari (1992-a) nos adverte dos limites que se prefiguram na massificação, na laminação de gostos, bem como dos modos de agir, de pensar e de sentir que assistimos diariamente. Por outro lado, este pensador percebe a utilização da mídia como suporte de invenção de novos possíveis, de engendramento de forças criativas e de novos universos de referência. E acrescenta:

> As evoluções tecnológicas, conjugadas a experimentações sociais desses novos domínios, são talvez capazes de nos fazer sair do período opressivo atual e de nos fazer entrar em uma *era pós-mídia*, caracterizada por uma reapropriação e uma ressingularização da utilização da mídia.(Acesso aos bancos de dados, às videotecas, interatividade entre os protagonistas etc...) (Id, Ibid. p. 16)

Tanto a reprodução como a criação podem estar por toda parte. Nesta discussão, não cabe adjetivar a mídia como boa ou má em si, a grande benfeitora ou a arqui-inimiga da subjetividade na contemporaneidade. Contudo, a compreensão de um fenômeno que influi nas relações sociais, na forma de pensar, isto é, no processo de subjetivação, pode servir tanto à emancipação quanto à massificação. Ao mesmo tempo em que se tenta esvaziar a possibilidade de projetos de produção e envergadura coletiva, atualmente torna-se cada vez mais difícil pensar em qualquer mobilização ou qualquer transformação social que não passe pela mídia.

Essa ideia encontra-se presente no que chamou de possibilidade de uma era pós-mídia. Em seus últimos escritos, Guattari (1990, 1992-b,1993) a problematizou a partir das experiências de rádios livres na Itália, posteriormente levadas à França[5].

O autor percebeu nestas experiências de rádio, o início de um processo de proliferação de novos agentes de enunciação destinados a explodir o modelo mass mediático, apostando na emergência de vetores de ressingularização e de criatividade social (Berardi, 2001). Por não participar do grupo de intelectuais que veem as redes audiovisuais e informáticas como um perigo em si mesmo para a humanidade, o autor procurou enfatizar a possibilidade singularizante, aclamada no bojo das novas tecnologias:

> ...antes de mais nada é preciso admitir que poucos elementos objetivos nos permitem esperar ainda por uma virada da modernidade mass midiática opressiva em direção a uma era pós-mídia que daria todo seu alcance aos agenciamentos de autorreferência subjetiva. Parece-me, no entanto, que é senão no contexto das novas distribuições das cartas de produção da subjetividade informática e telemática que essa voz da autorreferência chegará a conquistar seu pleno regime. É claro que nada disso está ganho! Nada nesse campo poderia substituir as práticas sociais inovadoras. (Guattari, 1993, p.182).

É através do agenciamento das tecnologias de comunicação e informação com práticas sociais inovadoras, que se poderia garantir a durabilidade desta revolução subjetiva, tanto em micropolíticas cotidianas como no plano macro, na implementação de políticas públicas, dentre elas no plano educacional, de garantia à democratização da comunicação.

A despeito de estarmos anos luz de uma era pós-mídia, haja vista que no Brasil a comunicação de massa é controlada por alguns poucos grupos político-econômico, setores da sociedade civil têm

---

[5] Por volta dos anos 70, um movimento denominado rádios-livres atravessou as ondas oficiais das rádios europeias. De fácil construção artesanal, os mais diversos grupos, da extrema esquerda à extrema direita, podiam se expressar. Guattari via as rádios livres "como elemento de transformação da paisagem midiática e do princípio mesmo que estrutura e *semiotiza* a comunicação social" (Berardi, 2001, p.107).

implementado fóruns de debate a respeito da democratização da comunicação. Esta bandeira não pretende garantir apenas o acesso, como ampliação dos sistemas de difusão já existentes, mas sobretudo priorizar a comunicação como direito básico, e como tal, pode e deve ser pautada com políticas públicas que garantam a produção e a divulgação de produtos comunicacionais dos mais diversos setores da sociedade civil organizada, ou não. Democratização implica necessariamente transformação.

No Brasil, assiste-se à proliferação de rádios-pirata, ao movimento de TVs comunitárias, à transmissão de programas realizados por ONGs em TVs educativas e às experiências em educomunicação em escolas brasileiras[6]. É no bojo desta discussão que pautaremos a seguir nossa análise.

A TV Maxambomba e o projeto "Capacitação de jovens em produção de vídeo"

Rio de Janeiro, Baixada Fluminense, Nova Iguaçu, Rancho Fundo. Ano de 1999, em uma escola pertencente à Rede Estadual, 30 jovens entre 15 e 18 anos, participam de curso chamado: *"Capacitação de jovens em produção de vídeo"*, promovido pela TV Maxambomba, atuante na região desde 1986[7]. De segunda a sexta feira, entre 13 e 17h,

---

[6] O Movimento de TVs Comunitárias/ TVs de Rua iniciou no Brasil com a popularização das Câmeras de vídeo e no processo de reabertura democrática na década de 80. TV Viva-PE, TV Bem TV-RJ; TV Mocoronga-PA; TV Pinel-RJ; bem como a TV Maxambomba são alguns expoentes deste movimento. Quanto à exibição de programas produzidos por ONGs temos em Fortaleza a TVCeará que transmite semanalmente nas tardes de domingo dois programas produzidos por Jovens: O *Megafone*, da ONG Encine e o *No Ar* da ONG Alpendre. Na cidade de São Paulo, experiências em Educomunicação nas escolas públicas municipais, através da criação de rádios nas escolas, a exemplo do Educom.radio, levaram à aprovação do Projeto de Lei (PL 556/02) que prevê a implementação de rádio-escola na rede municipal de ensino.

[7] A TV Maxambomba, ligada ao CECIP, Centro de Criação da Imagem Popular, foi uma TV de rua/ comunitária pioneira no Brasil, gravando e exibindo seus programas nas praças da região. Nos anos seguintes, enfrentando vicissitudes, reformulou sua ação militante ligada aos movimentos populares, sobretudo às comunidades eclesiais de base, para o trabalho com a comunidade, no sentido mais

durante aproximadamente seis meses, estes jovens frequentaram aulas de teoria de linguagem e técnica de vídeo, comunicação e cultura, cidadania, Estatuto da Criança e do Adolescente (ECA), oficinas de câmera, roteiro, áudio, e também fizeram estágio em diferentes TVs (TVE, Canal Futura, TVFacha/Universitária e TV Pinel/comunitária). No processo de criação destes vídeos, os alunos escolheram os temas, assinaram roteiros, produziram, filmaram, dirigiram, editaram, fizeram créditos, vinhetas etc[8]. As exibições dos vídeos produzidos pelos jovens aconteceram na praça da região e na escola onde o curso se realizou, ambas seguidas de câmera aberta[9].

O projeto teve como objetivo possibilitar que jovens utilizassem a linguagem audiovisual como um instrumento de intervenção cultural. A partir da leitura da TV, da produção e da exibição de vídeos, como canal de investigação e de expressão, a expectativa era de promover uma ação balizada numa forma mais atuante e crítica na sociedade, reforçando em última instância a discussão acerca da cidadania.

Merece destaque o fato do processo de aprendizagem ter sido mediado por outros jovens-monitores de idade próxima aos alunos, com experiência em vídeo comunitário[10]. Nesta relação de alteridade, muitas vezes o *outro* professor, via de regra, uma pessoa que exerce o poder pelo saber, foi alguém muito próximo, tanto do ponto de vista etário,

---

amplo: a comunidade de moradores, principalmente jovens, passando a investir em sua formação para que eles conduzissem o seu próprio discurso, através de vídeos criados por eles mesmos, chegando assim, a partir de 1999, ao projeto "Capacitação de jovens em produção de vídeo", acompanhado de perto por minha pesquisa, com vistas à elaboração da tese de doutoramento.

[8] A forma como estes jovens se apropriaram da linguagem audiovisual, a reprodução da estética e linguagem dominante nos meios de comunicação de massa presentes nos vídeos comunitários, a mistificação e desmistificação da TV de massa a partir da criação de vídeos comunitários, bem como a singularização através deste processo, foram alguns dos temas trabalhados na pesquisa. (Miranda, 2002)

[9] Performance frequentemente utilizada nas TVs Comunitárias: após a exibição na rua, os temas relacionados aos vídeos comunitários são debatidos pela comunidade e transmitidos ao vivo, no local. Os jovens alunos conduzem o processo e a comunidade, além de discutir acerca do tema do vídeo exibido, também protagoniza uma experiência com a imagem, à medida que se vê enquanto fala. Não raramente a autoimagem torna-se tema de discussão.

[10] Coordenado por Noale Toja, três jovens (Gianne, Wagner e André, à época entre 17 e 19 anos, antigos "Repórter de Bairro", projeto em que moradores pautavam e realizavam reportagens sobre a região) assumiram a monitoria dos grupos de trabalho.

como da origem sócio-cultural, mas que por outro lado, se destacava na história da TV Maxambomba. Esta proximidade, vista com uma mistura de surpresa e admiração, mostrou-se facilitadora do trabalho. A possibilidade de falar sem medo de errar, ou ainda, a possibilidade de aprender fazendo, foi enfatizada como processos bem distintos de sua escola de origem. Por outro lado, estes mesmos fatores foram apontados por alunos e monitores como causa de um certo clima de bagunça ou de desordem, às vezes difícil de administrar ou controlar...

Para viabilizar o curso para alunos do ensino fundamental (5ª a 8ª série) e ensino médio, a escola cedeu o espaço físico, no horário da tarde, com mais salas disponíveis. Como o curso ocorreu num prédio escolar, a comparação com a instituição-escola tornou-se evidente. A vivência de atividades escolares desprovidas de significado, tanto para o aluno como para o professor, explicaria, de certa forma, o imenso vazio em que tais atividades vêm se transformando nos dias de hoje, e acabaram por provocar uma reflexão crítica sobre a forma de produção de conhecimento no contexto escolar. Os alunos questionaram, por exemplo, a diferença entre a construção do conhecimento no curso da TV Maxambomba e na escola, como pode ser visto no depoimento a seguir:

> O curso trabalhou em geral, então fez com que a gente percebesse tudo, porque o curso não é igual à escola, porque na escola a professora faz uma pergunta e ela dá a resposta. Aqui no curso não, eles não dão a resposta. A gente que vai dar a nossa resposta. Então faz com que a gente pense profundamente para descobrir a resposta[11].

Este depoimento talvez possa servir como resposta à diretora do CIEP que, impressionada com a participação dos alunos, perguntou certa vez à coordenação do projeto, o que eles faziam com os jovens, alunos do turno da manhã, para que eles retornassem ao colégio à

---

[11] Trecho da entrevista gravada com os alunos do "Capacitação de jovens em produção de vídeo", da TV Maxambomba, gravada em fita cassete, com a autorização dos participantes.

tarde para uma atividade extra-classe, sem avaliações com pontuação, nota ou conceito[12].

A Biblioteca Municipal de Nova Iguaçu e a biblioteca da escola foram ocupadas como local de pesquisa para os roteiros de alguns dos vídeos, auxiliando na construção de uma nova relação com estes espaços – muitas vezes subaproveitados no cotidiano destes jovens. O processo de construção coletiva somado ao fascínio destes jovens de estarem se apropriando de uma linguagem audiovisual, possibilitou uma ressignificação da produção do conhecimento, muitas vezes engessada no cotidiano escolar.

Também merece destaque à exibição na quadra do colégio de um dos vídeos produzido pelo curso *"Sexo protegido, Vida garantida"* que abordou o tema DST e gravidez na adolescência. Após a exibição os espectadores foram entrevistados, em câmera aberta, por uma aluna realizadora do vídeo. Em cada depoimento a aluna--repórter convidava o entrevistado a colocar a camisinha num pênis de plástico. Tanto os depoimentos dos alunos, como a performance da camisinha eram muitas vezes acompanhados de brincadeiras e risos por parte da plateia. Esta inversão, onde a aluna comandava a cena enunciativa, possibilitou um encaminhamento inusitado: a diretora da escola pediu a palavra para reclamar dos risos e brincadeiras dos alunos. Como quem destrincha verdades, falou da importância desse tipo de iniciativa na escola, que eles deveriam levar o assunto a sério, pois se tratava de um momento esclarecedor para os jovens. Ao final da fala da diretora, a aluna, assim como tinha feito com os demais entrevistados, convidou-a a colocar a camisinha. Surpresa pelo convite que a igualava naquele momento aos demais, mostrou-se reticente,

---

[12] Cada aluno obteve uma bolsa de 50 reais, o que, no processo de entrevista e seleção, gerou algumas dúvidas para a equipe: dever-se-ia falar desde o primeiro momento sobre a bolsa? Como proceder para que os interessados não procurassem o curso mais pelo dinheiro do que propriamente pelo interesse? Ou, por outro lado, como não falar na bolsa ao se tratar de uma comunidade com baixo poder aquisitivo, de jovens que precisam ajudar às suas famílias, e que, por já estudarem de manhã, dificilmente poderiam fazer o curso às tardes, salvo com alguma remuneração? Prevaleceu a solução de só falar após a entrevista inicial, no primeiro dia de curso. No decorrer do processo avaliou-se que a bolsa não foi o fator preponderante para a procura dos alunos, visto que, na mesma época na região, cursos em outras áreas foram oferecidos com remuneração semelhante.

mas aceitou. Suas mãos tremiam e demorou muito, acertando após inúmeras tentativas fracassadas. Novos risos puderam ser ouvidos da plateia...

Sem pretensão de termos esgotado a riqueza destas cenas para pensarmos a relação escola, mídia e a produção de sentido no cotidiano destes jovens, passemos para a segunda experiência.

TVEZ: Educação para o uso crítico da mídia

Ceará, Fortaleza, Bairro Benfica[13]. Ano: 2005. Em uma escola pública da rede estadual, um projeto de extensão, que reúne estudantes universitários da UFC, se oferece para implantar um trabalho de educação para o uso crítico da mídia, com os estudantes de 7ª e 8ª série do ensino fundamental e ensino médio[14]. Durante aproximadamente quatro meses, uma vez por semana, 20 jovens discutem, refletem, veem, leem, produzem, ou seja, se apropriam dos meios de comunicação tanto de massa quanto os alternativos. Rodas de conversa, exibição de curta metragem, Oficinas de Fanzine[15] e de Publicidade e Propaganda Alternativa (OPPA), debate com publicitário, exposição na feira cultural, dentre outras atividades, pautam os encontros e são programadas pelos estudantes da universidade, em parceria com os estudantes da escola. A ideia é proporcionar uma leitura crítica da

---

[13] O Bairro Benfica fica próximo do centro da cidade. Bairro tradicional, conhecido por abrigar um dos campi da Universidade Federal do Ceará (UFC), bem como a Reitoria. Apesar da localização, a maior parte dos estudantes da escola, mora em bairros da periferia, necessitando de ônibus para chegar à escola.

[14] O TVEZ é um projeto de extensão interdepartamental, com a participação de estudantes de comunicação e de psicologia da UFC. O projeto é coordenado pela Profa. Dra. Inês Silva. V. Sampaio e por mim. Em 2005, primeiro ano do projeto, os estudantes que participaram foram: Clarissa Aires de Castro, Fernanda Boto Paz Aragão, Gecíola Fonseca Torres, Leonardo Barros Soares, Lusiana Cristina de Oliveira Freire, Mayrá Silva Lima, Manoel Paiva Magalhães Filho, Monalisa Pontes, Raquel Dias de Albuquerque, Reno Moura Rocha, Tiago Régis de Lima, e a jornalista Márcia Maria Ximenes.

[15] Publicação alternativa, feita a partir de colagens, desenhos, textos manuscritos ou digitados, xerocada e distribuída entre conhecidos.

mídia, a partir da desconstrução de sua linguagem, bem como promover a apropriação dos meios[16].

O projeto busca refletir com os professores e alunos da rede pública acerca da participação da mídia na construção da subjetividade de crianças e jovens na sociedade contemporânea, e da necessidade da escola considerar esta nova realidade em suas ações pedagógicas. A partir da negociação com a escola, chegou-se a um acordo que, no primeiro semestre de atuação, trabalharíamos prioritariamente com os estudantes, e posteriormente poderíamos estender a ação aos professores. O desafio atual consiste na sobrecarga de trabalho e excesso de burocracia, dentre outros problemas vivenciados no cotidiano do docente, para integrá-los numa ação contínua e fecunda.

Em nosso primeiro ano na escola, a ideia ampla de educação para o uso crítico da mídia começou a se delinear a partir do interesse dos estudantes em debater acerca do tema publicidade e consumo. Em nossa intervenção procuramos criar um espaço diferente no cotidiano escolar: um campo de estranhamento, reflexão, problematização e ação. Para tal, tentamos, na medida do possível, nos destituir da condição de condutores do trabalho. Não tínhamos, por exemplo, modelos prontos preestabelecidos de planejamento antecipado para um grande número de encontros com os alunos. Se por um lado, o clima foi, em alguns momentos, de angústia e ansiedade pois planejávamos quase que na semana anterior à ida à escola, por outro, tal escolha metodológica nos possibilitou pensar os encontros a partir de seu próprio processo grupal.

O colégio cedeu o espaço físico, a sala 1, na hora dos intervalos dos turnos, pois não havia salas disponíveis para a realização do trabalho em turnos alternados, como fora desejado. Apenas uma hora semanal que voava célere. Quando a discussão parecia esquentar, o tempo acabava. Não era possível ficar mais, pois o outro turno ia começar.

---

[16] Estes princípios estão presentes na discussão acerca da Educomunicação. A este respeito ver Vivarta (2004).

Nesses primeiros meses de atuação, muitas vezes o grupo da universidade foi recebido de forma surpreendente: alguns participantes haviam se reunido nas casas de colegas para fazer fanzines e nos mostravam animadamente sua produção, uns traziam matérias escritas em revistas ou jornais que achavam interessantes, alguns falavam da inquietação com assuntos debatidos na semana anterior, outros participavam dos dois grupos do TVEZ simultaneamente. No entanto, outras vezes a surpresa foi bem menos agradável: algumas atividades extras enviadas de última hora pela Secretaria de Educação, impossibilitaram vários dias de encontro ou, devido à falta de um ou mais professores, os alunos eram liberados mais cedo e poucos ou nenhum nos esperava.

Nesse início de percurso algumas considerações merecem destaque. A coordenação mostrou-se bastante receptiva ao projeto. Em algumas avaliações feitas com o núcleo gestor da escola, uma coordenadora disse, ao contrário de muitos, não acreditar que a escola seja apenas sala de aula, assumindo a relevância da discussão/apropriação dos meios de comunicação no cotidiano escolar. Outra coordenadora nos relatou estar chateada pelo cancelamento de semanas de atividade, por acreditar na seriedade do trabalho.

Por outro lado, talvez pelo hábito dos territórios cristalizados, parece difícil sair de uma situação que retire o aluno da condição de não saber, de corpo assujeitado, produzido cotidianamente a partir de um campo enunciativo dominado pela preponderância do poder disciplinar[17]. No primeiro dia da oficina de fanzine, por exemplo, no momento inaugural do formato-oficina, após um mês e meio de trabalho em rodas de conversa, o grupo foi surpreendido com a presença

---

[17] Foucault (1977) mostra como o surgimento e o avanço do poder disciplinar ajudou a constituir a objetivação dos corpos dos indivíduos. Este poder desenvolveu-se a partir dos séculos XVIII e XIX, com a constituição dos Estados Modernos das sociedades europeias, imprimindo nova modalidade de ação de poder, enquanto dispositivos formados por práticas discursivas e não discursivas, que têm como função a dominação, a partir da vigilância hierárquica; da sanção normalizadora e do exame. A estratégia não é mais apenas a repressão para a manutenção da ordem, mas a estimulação, o incentivo, produzindo sentimentos e condutas até então inexistentes, disseminando-se anonimamente pelo corpo social. O filósofo coloca a escola como um dos *loci* privilegiados ao lado do exército, hospital e prisão de engendramento e manutenção do poder disciplinar.

da coordenação e de um professor que se mostravam curiosos em participar, apesar de termos negociado que o foco de nosso trabalho seria com os alunos. Embora profundamente receosos, também pensávamos que poderia ser uma boa oportunidade de perceber as relações professor-aluno, coordenação-aluno e coordenação-professor que se estabeleciam fora do contexto habitual de sala de aula.

Nesse encontro, o objetivo era fazer um levantamento de temas propostos pelos jovens. Com isso seria possível identificar seus interesses, e como se posicionavam a partir dos mesmos. Um grupo de alunos colocou a possibilidade de fazer um *"zine"*[18] sobre RPG, *Anime* e *Card Games*. No entanto, durante a discussão a coordenadora passou a desautorizá-los, dizendo que tudo era modismo e que eles deveriam aproveitar a situação para falar sobre coisas mais interessantes. Procuramos refletir sobre a situação, destacando que o momento era de tempestade de ideias e que, o único critério para o tema ser levado ou não adiante, era o próprio interesse do grupo.

O encontro também evidenciou posturas distintas. Enquanto o professor e os alunos permaneceram concentrados e debatendo os temas possíveis, a coordenadora, solicitada constantemente por outras pessoas que batiam à porta, entrava e saia da sala, prática condenada quando exercida por alunos no cotidiano escolar. Vale salientar que ambos, coordenadora e o professor, não compareceram nos outros dias da oficina.

Outro analisador[19] interessante, acerca da apropriação do espaço escolar pelo corpo discente, configurou-se na negociação para a oficina de publicidade e propaganda alternativas, que deveria ocorrer durante uma semana, com quatro horas diárias. Desta forma, era necessária sua realização durante um dos turnos, e para tal, nos foi cedido o laboratório, com inúmeras ressalvas para que

---

[18] Abreviação de Fanzine.

[19] Para a Análise Institucional o analisador representa um "acontecimento, indivíduo, prática, ou dispositivo que revela, em seu próprio funcionamento, o impensado de uma estrutura social" (Rodrigues e Souza, *In* Kamkhagi & Saidon, 1987, p.29).

tomássemos muito cuidado, visto que, apesar de bem equipado e dotado de materiais caros, o local era pouco utilizado para aulas práticas. Em conversa informal, a coordenação disse atribuir tal fato à universidade que, em seus cursos de licenciatura, não prepara os futuros professores para ministrar aulas em laboratório. O subaproveitamento do espaço pôde ser verificado logo no primeiro dia da oficina, pois apesar de estarmos entrando no quarto bimestre do ano letivo, para muitos realmente era a primeira vez que faziam uma atividade no laboratório.

Dois contextos (Maxambomba e TVEZ), duas realidades separadas no espaço-tempo, mas que permitem algumas condições de análise. Em ambos, a escola cede o espaço, mas efetivamente não se engaja. Alguns (poucos) alunos se envolvem, discutem, dramatizam, escrevem como eles se veem enunciados diariamente a partir de publicidade, novelas, telejornais, programas voltados para juventude. Jovens se apropriam de suportes midiáticos: vídeos, fanzines, publicidade alternativa, mas o máximo que conseguimos é exibir o material em eventos destinados à produção cultural do cotidiano escolar.

No entanto, a escola como lugar legitimado de produção e circulação de saber, não pode se eximir do debate acerca da relação subjetividade e mídia na contemporaneidade. Arraigadas em modelos tradicionais, ou mesmo esvaziadas de pensamento crítico acerca de seu fazer pedagógico, as escolas, mesmo não desconsiderando as implicações midiáticas no cotidiano escolar (vistas muitas vezes de forma maniqueísta, como responsáveis pela má formação de valores e costumes na infância e na juventude), tendem a rechaçá-las. Preocupados com inúmeras avaliações, relatórios, projetos, além, é lógico, com o próprio salário, como professores podem se propor a investigar com os jovens como eles significam aquilo que veem, escutam ou leem? Como trazer estas reflexões para o próprio cotidiano educacional? São temas que precisam ser problematizados por todos aqueles que fazem a escola.

Pós-mídia e escola: encontro possível?

Em tempos de cultura midiática, onde os objetos culturais, as relações sociais e a subjetividade encontram-se necessariamente atravessadas pela tecnologia audiovisual, é comum o debate a respeito do declínio da palavra escrita. A sociedade contemporânea seria marcada pelo colapso dos textos e pela hegemonia das imagens. Por outro lado, a disponibilidade da imagem na educação é vendida como um dos grandes trunfos, por exemplo, da educação à distância. Entre a resistência da imagem como produtora de conhecimento e o discurso da disponibilidade pela tecnologia da imagem, a escola parece oscilar. No entanto, o rechaço dos recursos tecnológicos/ informacionais ou o seu enaltecimento puro e simples, aponta, em última instância, para a mesma direção, a saber, a relação dicotômica entre palavra e imagem, onde a tecnologia acaba por assumir maior importância do que a possibilidade de leitura crítica, seja de imagens, seja de palavras.

No projeto *"Capacitação de jovens em produção de vídeo"* da TV Maxambomba, alunos destacaram a relação palavra-imagem: *"a imagem, antes de ser imagem, é palavra"*. Alguns vídeos, conforme foi visto, passaram por um processo de pesquisa em fontes literárias. Além disso, o processo da escrita do roteiro empolgou não apenas aqueles que já gostavam de escrever, mas também os alunos que habitualmente têm a escrita como uma obrigação e que pareciam fascinados com a possibilidade de seus textos e suas histórias se tornarem imagem. O dever do uso da palavra escrita visto até então como uma atividade pesarosa, investiu-se de uma qualidade prazerosa, através da imagem.

Já o projeto "TVEZ", a possibilidade de produzir uma mídia, utilizando indistintamente imagens e palavras nas oficinas de fanzine e na OPPA, de assistir e debater curtas-metragens não divulgados nos canais abertos de TV, procurou promover a sensibilização dos sentidos, em relação a novas formas de linguagem, que acreditamos deva pertencer ao cotidiano escolar.

Se por um lado, sobretudo na TV Maxambomba, muitos jovens sinalizaram uma insatisfação de como são retratados na grande mídia, em que temas recebem tratamento estereotipado, ora espetacularizado, ora glamourizado, passando ao largo da complexidade que, na verdade, compõem seu cotidiano, por outro, estes jovens também expressam, em seus próprios relatos, a fascinação exercida pelos meios de comunicação de massa. O cotidiano dos jovens da Maxambomba e do TVEZ encontra-se inevitavelmente atravessado pelas imagens da mídia convencional. Este *"outro"*, imagem/discurso da TV de massa, que às vezes eles procuram repelir, e ambivalentemente os fascina, está presente e é reproduzido em suas vozes/imagens. O território semiológico é muitas vezes comum.

A nosso ver, tanto a palavra escrita como a imagem tem um inimigo comum, o consumo imediato, a presentificação rasa. São os mesmos poderes que, em nome do capital, ou do mercado, agem na domesticação, na padronização, na desvitalização tanto da imagem quanto da palavra. A escola, mesmo inserida nos macropoderes que legitimam a padronização, deve se assumir como lugar privilegiado de produção e circulação simbólica, em micropoderes cotidianos, na recusa à massificação e na discussão e apropriação da relação entre a mídia e produção subjetiva na contemporaneidade.

As experiências aqui discutidas trazem uma marca em comum: em ambas, jovens de escolas públicas deixam de ser apenas enunciados nos discursos/imagens de outros, seja em programas de TV de massa, publicidades, ou em revistas e jornais, e passam a ser protagonistas de uma experiência, a partir de um suporte midiático, enunciando-se a si mesmos. Estes trabalhos transcendem a mera capacitação técnica e possibilitam que estes jovens falem de seu cotidiano, de suas vidas, através de *zines*, de publicidades, de vídeos produzidos por eles mesmos, conquistando assim uma outra dimensão das questões sociais, políticas e culturais do contexto em que vivem. Trata-se portanto, de transformações subjetivas que podem ser gestadas a partir da ação compartilhada, por um tipo de experiência que os coloca no centro da cena, criando o enredo e protagonizando histórias enraizadas em seus próprios sentimentos, vivências, limitações e possibilidades.

Acreditamos que a psicologia, implicada nas questões educacionais, que pretende trabalhar as instituições presentes no cotidiano escolar, não pode se eximir deste debate. Rocha (1999), ao questionar a necessidade de modelos de atuação da psicologia escolar, sobretudo aqueles que se detêm em tratar problemas de aprendizagem com foco individual, isolando-o de seu contexto intraescolar, afirma:

> A escola, como as demais organizações sociais, não vive só com problemas de aprendizagem pedagógica, ou, antes, estes problemas estão cada vez mais intricados com a complexidade da vida contemporânea, com desafios como a violência, o desemprego, o excesso de população e a velocidade midiática – questões que requerem novas análises e que, abordadas de modo transdisciplinar, para além das divisões entre saberes e práticas, podem redimensionar as problemáticas educacionais (Rocha, 1999, p.189)

Se por um lado as forma/conteúdos veiculados pela mídia estão presentes no cotidiano da escola, por outro, o saber pedagógico, bem como o próprio saber "psi", somado ao saber médico, tecnológico, culinário, e tantos outros saberes, também marcam presença em algumas produções midiáticas, como entretenimento, para serem consumidos. Seja em programas especializados, onde se encontra a presença do especialista em educação ou desenvolvimento humano, seja na publicidade que utiliza conceitos da psicologia, como estratégia de atingir o consumidor, agregando confiabilidade ao produto, o discurso midiático e o discurso pedagógico muitas vezes parecem se encontrar (Jobim & Souza, 2003)[20].

---

[20] A autora nos traz alguns exemplos de como o saber "psi" é incorporado nos discursos publicitários, como estratégia de venda. Junto a um encarte de promoções de brinquedos para criança de um supermercado, há o enunciado "pegar um carrinho e imitar o pai dirigindo ou, então usar uma boneca como se fosse a mãe dando broncas. Para entender o mundo a criança precisa de modelo. Reproduzir atitudes de pessoas queridas faz parte do processo de desenvolvimento e do aprendizado dela" (Jobim & Souza, 2003, p.23). Ou ainda na propaganda em mídia impressa de um iogurte infantil, encontramos

Torna-se urgente que profissionais ligados à educação, dentre eles o psicólogo, transformem a mídia em objeto de estudo no âmbito das práticas pedagógicas escolares (Fischer, 2005). Assim, é no debate profundo para ressignificação desta complexa teia em que se articulam e se sobrepõem o discurso pedagógico, o psicológico e o midiático que pode se constituir um território fecundo para a psicologia escolar.

Quais modelos identificatórios são oferecidos pela mídia para crianças e jovens de escolas públicas? Quais estereótipos de beleza, de papéis-sociais e de família difundidos? Qual o conteúdo e valor de verdade das notícias veiculadas nos tele-jornais cotidianamente?

A entrada de uma TV ou de qualquer outra mídia na escola também deve servir para que ela possa repensar suas práticas cotidianas, seus saberes/poderes instituídos. Para que isto ocorra não basta fornecer apenas infraestrutura. A transformação da informação em conhecimento, a possibilidade de inserção de práticas expressivas e criativas não podem se restringir a um horário semanal, com a inserção de uma nova disciplina na escola. Este, apesar de poder ser um caminho, deve atingir a escola em seu todo, incorporando e reestruturando disciplinas já existentes, incentivando a transdisciplinariedade, avalizando novos possíveis nas práticas educativas. A apropriação de uma mídia na escola requer um envolvimento de toda a comunidade, podendo servir para a sensibilização pós-midiática, como instrumento político de reflexão do cotidiano escolar. Desta forma, a reivindicação de uma **educação para a mídia** nas escolas, caminha lado a lado à reivindicação de uma **educação com a mídia**, e sobretudo de uma **escola de qualidade**.

---

o enunciado ao lado de uma imagem de duas crianças andando felizes de bicicleta: "Crianças em idades diferentes têm necessidades diferentes. Só Danoninho respeita as fases de desenvolvimento de seu filho" (Id, Ibid., p.24)

Referências Bibliográficas

Baremblit,G. (1992). *Compêndio de Análise Institucional e outras correntes.* Teoria e Prática, Rio de Janeiro: Rosa dos Tempos.

Berardi, F. (2001). Sensibilité post-média In *Chimeres*-le devenir mineur des minorités, Paris, n.42, Printemps, p.107-112.

Castro, D. Superligados na TV, Folha Ilustrada In *Folha de São Paulo*, São Paulo, 17/10/2004.

Fischer, R. Mídia e Juventude: experiências do público e do privado na cultura. In *Cadernos Cedes 65*. Televisão, Internet, Educação: estratégias metodológicas com crianças e adolescentes. Campinas: Cortez, jan/abril 2005, p.43- 58.

Foucault, M. (1977). *Vigiar e Punir*, Petrópolis: Vozes.

Guattari, F. (1990). *As Três Ecologias*. Campinas: Papirus.

_____. (1992-a). *Caosmose:* um novo paradigma estético. Rio de Janeiro: Ed.34.

_____. (1992-b). Por una refundación de las Prácticas Sociales, In *Ajoblanco*:Buenos Aires, dez. p. 33-39.

_____. (1993). Da Produção de Subjetividade *in Imagem-Máquina*: A Era das Tecnologias do Virtual, (Parente, A. org.). Rio de Janeiro: Ed.34.

_____. e Rolnik, S. (1986). *Micropolítica:* cartografias do desejo, Petrópolis: Vozes.

Jobim e Souza, S (2003). (org.) *Educação@Pós-Modernidade*: Ficções Científicas e Ciências do Cotidiano. Rio de Janeiro: 7 Letras.

Kamkmagi, V. & Saidon, O, (1987). *Análise Institucional no Brasil*: favela, hospício, escola, FUNABEM. Rio de Janeiro: Espaço e Tempo.

Lins, D. (1997). (org.) *Cultura e Subjetividade*: saberes nômades. Rio de Janeiro: Papirus.

Miranda, L.L. (2000-a). Subjetividade: A (des)construção de um conceito In Jobim e Souza (org.), *Subjetividade em questão:* a infância como crítica da cultura, Rio de Janeiro: 7 Letras.

Miranda, L.L. (2000-b). Protagonismo Juvenil: fragmentos de um olhar *in Batuques, fragmentações e fluxos*: zapeando pela linguagem audiovisual no cotidiano escolar (Filé, V, org.), Rio de Janeiro: DP&A, p.9-24.

Miranda, L.L. (2002). *Criadores de imagens, produtores de subjetividade:* A experiência da TV Pinel e da TV Maxambomba, Tese de Doutorado: Departamento de Psicologia. Rio de Janeiro: PUC-RJ.

Rocha, M. A (1999). Formação na Interface Psicologia/Educação: Novos Desafios In *Psicologia Social*: Abordagens Sócio-Históricas e Desafios Contemporâneos (Vilela e Mancebo, org.). Rio de Janeiro: Ed. UERJ, p.183-194.

Vivarta, V. (2004). *Remoto Controle*: linguagem, conteúdo e participação nos programas de televisão para adolescentes, São Paulo: Cortez.

Capítulo X

Históras, sonhos e lutas de conselheiros tutelares de Cariacica – ES

Elizabeth Maria Andrade Aragão[1]
Helerina Aparecida Novo[2]

Em um mundo globalizado no qual vários países se curvam às políticas neoliberais e realimentam o trânsito do capital transnacional, observamos o desencadear do desemprego estrutural e de processos de exclusão em grande escala. No Brasil vivemos uma realidade nacional contrastante do ponto de vista social político e econômico, marcada por uma drástica desigualdade social.

Neste cenário, observa-se a presença do desânimo e de visões diversas sobre nosso futuro, assim como inúmeras dificuldades no campo social e, especialmente, com os movimentos sociais. Esses obstáculos referem-se a uma pequena disposição para enfrentamento dos problemas vivenciados, para a exigência coletiva de direitos, ou mesmo, para o enfrentamento dos processos de sucateamento dos serviços e desmantelamento das instituições públicas. O que parece imperar é um certo ar de descrença e de desesperança como se as pessoas se encontrassem sem potência ou tivessem desistido.

---

[1] Professora doutora do Departamento de Psicologia da Universidade Federal do Espírito Santo. (baragao@terra.com.br)

[2] Professora doutora do Departamento de Psicologia Social e do Desenvolvimento e do Programa de Pós-Graduação em Psicologia da Universidade Federal do Espírito Santo.

Por outro lado, muitos são os que continuam resistindo e insistem na criação de outros possíveis. Não se curvam às predestinações dos discursos fatalistas que sinalizam a naturalização da história e ousam intervir, como podem, nos processos sociais em curso, enfrentando as dificuldades do dia a dia. Movem-se na tentativa de criação de outras realidades. Este texto pretende exemplificar aspectos de ações/práticas que são encaminhadas neste sentido, tomando como referência uma pesquisa realizada junto aos conselheiros tutelares do município de Cariacica, situado no estado do Espírito Santo.

Canais de participação nas políticas públicas

De acordo com Estatuto da Criança e do Adolescente (Brasil, 1990) – Lei Federal 8.069 de 1990 – prevê-se a criação dos Conselhos Municipais de Direitos, dos Conselhos Tutelares e do Fundo Municipal para a Infância e Adolescência enquanto tripé institucional responsável para a implementação da Política de Assistência à Infância e à Juventude brasileiras. A instauração, tanto dos Conselhos de Direitos como dos Tutelares, tem se dado de maneira diferenciada nos municípios brasileiros. Dentre estes, observa-se que alguns apenas acataram a lei como uma formalidade imposta. Em outros, o nível de participação popular vem assegurando a criação de diferentes perspectivas e possibilidades no que tange à construção de um novo tipo de gestão pública que garanta, a esses canais institucionais, o caráter de sustentação dos interesses populares.

Sobre este aspecto, deve-se considerar a visão de Guará (1997) quando afirma que a partir dos anos 80 a nova ordem constitucional regulamentou uma nova forma de participação social. A partir da autonomia concedida aos municípios, tem sido possível a ampliação da condição de cidadania, antes regulada e restrita. Esse movimento tem contribuído para o processo de desprivatização do espaço público, tradicional palco de favorecimentos pessoais, tornando-o verdadeiramente público. E, ainda, Lesbaupin (2000, p. 68), quando afirma:

Certos setores de ação governamental – como saúde, educação, direitos da criança e do adolescente, por exemplo – devem constituir Conselhos, onde têm assento membros do governo e representantes da sociedade civil (dos usuários, dos profissionais da área), numa composição paritária. O Conselho tem poder para formular propostas de políticas, programas, assim como para fiscalizar o setor. Embora sua constituição seja muito variada em nível nacional, embora a sua eficácia também seja muito diferente de uma municipalidade para outra, é certo que este instituto possibilita uma intervenção da sociedade civil inexistente antes de 1998 e que tem tido, algumas vezes, resultados muito positivos, especialmente quanto à participação popular, ao envolvimento de setores da sociedade com a política setorial, o que resulta no controle da ação governamental e no exercício efetivo de cidadania.

Neste prisma, vale a consideração do que é fundamental na concepção de democracia participativa. Lesbaupin (2000) situa três concepções sobre democracia, caracterizando-as como: uma visão conservadora de democracia, que propõe a participação da elite minoritária e a não participação do homem comum como forma de garantia para a estabilidade social; a democracia representativa, que limita a participação do povo à escolha de seus representantes; e a democracia participativa. Para entendimento desta última, deve-se ater à proposição de processos que estimulem a participação efetiva da sociedade civil no encaminhamento das políticas públicas, ou mais concretamente, processos que assegurem tomadas de decisões na interseção dos âmbitos político e social – o que é consoante com a proposta de criação de novas estratégias para o enfrentamento dos inúmeros desafios sociais de nosso país.

Nesta ótica, é possível pensar que essas articulações podem vir a constituir um espaço para a construção de novas perspectivas sociais. Não basta apenas constatar o quanto este fato é premente, mas faz-se necessário também o conhecimento dos atores que podem empreender ou estão empreendendo tal tarefa. É primordial compreender o que pauta essa interação entre indivíduos e a estrutura de autoridade das instituições, uma vez que tal relação pode concorrer para uma nova noção de cidadania, como parte importante de uma rede de relações que se propõe a conquistar melhor qualidade de vida para todos. Neste sentido, o estudo em tela pretendeu evidenciar a vida de alguns conselheiros tutelares de Cariacica, analisando como estes têm se comprometido com a produção de uma outra realidade social.

Os caminhos metodológicos percorridos

Utilizamos como instrumento de coleta de dados a história oral, especialmente na modalidade da história de vida. Ouvimos as narrativas de oito conselheiros[3], sobre particularidades de suas vidas, seus anseios, dúvidas, e certezas momentâneas, suas crenças, temores, e ironias, suas motivações, seus desesperos, como também sobre os cenários que vêm construindo ou desconstruindo no cotidiano.

O eixo narrativo proposto como roteiro relacionava espaços/tempos/funções e práticas vinculadas à infância, ao trabalho, à inserção na comunidade, à representação do poder, ao Conselho Tutelar e à perspectiva de futuro.

É necessário destacar que esses conselheiros tutelares são pessoas de baixo poder aquisitivo (renda familiar média em torno de dois a três salários mínimos). Moradores do município de Cariacica[4], um dos municípios mais empobrecido e populoso da Grande Vitória, com idades entre 40 e 55 anos, tendo a maioria apenas concluído o

---

[3] Foram escolhidos aleatoriamente oito conselheiros tutelares que atuaram em duas gestões de 1996/1998 ou 1999/2001 e, ao mesmo tempo, que tenham atuado junto a uma das sub-regiões administrativas do Conselho Tutelar de Cariacica.

[4] O município de Cariacica caracteriza-se como um dos maiores "bolsões de miséria" que circundam a capital do Estado. A maioria de seus bairros, provenientes de loteamentos clandestinos, dispõe de infraestrutura imensamente deficitária, com ausência de saneamento básico, espaços de lazer, escolas e calçamento. As condições de vida, de saúde e de educação da maioria dos seus habitantes são extremamente precárias e o município possui uma elevada taxa de homicídios (relacionada também a extermínios de cunho político).

ensino fundamental. Participam de movimentos populares, bem como de movimentos religiosos, e quase todos são filhos de famílias que migraram para o município, durante os anos 60, e aí constituíram suas próprias famílias.

Fragmentos de histórias

Analisando as narrativas, foi possível estabelecer cinco grandes temas a partir da recorrência nas falas dos diferentes entrevistados. Optamos por apresentá-los a partir de breves considerações, seguidas de extratos das narrativas de algum entrevistado.

1. Uma outra infância

É comum a todos os entrevistados a narrativa das dificuldades enfrentadas durante seus anos iniciais de vida. Elas giram em torno de dois núcleos comuns que podem ser destacados. O primeiro aponta para a vivência de relações familiares permeadas por tensões e exigências que chegam a manifestar-se em agressões físicas e mesmo pela impossibilidade da expressão de alguns comportamentos tidos como naturalmente desenvolvidos por crianças. Ainda que estas impossibilidades sejam ressaltadas, a vivência desse período da vida para os entrevistados sugere a consideração de outras formas de sociabilidade que foram tecidas e outras práticas de cuidado que lhes foram garantidas. O segundo dá destaque à situação de pobreza, carência e dificuldades econômicas experimentadas por suas famílias durante este período. Esses dois aspectos encontram-se intimamente relacionados e, nas narrativas analisadas, sinalizam para um questionamento sobre a naturalização de um determinado conceito de infância. Ou seja, o modo como esse período da vida foi experienciado pelos entrevistados permite-nos construir indagações acerca da infância como etapa da vida demarcada pela fragilidade e incapacidade.

Neste sentido, o que sobressai nas narrativas dos entrevistados é a vivência de uma infância desafiadora, marcada por momentos de abandono, carência, escassez, negligência, maus tratos, desafios e dificuldades a serem superadas. Ao mesmo tempo, uma busca permanente de estratégias para assegurar a sobrevivência, o que bem relata Rizzini (2000) em suas pesquisas quando trata das condições sociais que envolvem a realidade de crianças trabalhadoras, na qual se detecta um vínculo preciso entre condições precárias de ordem material e o envolvimento de crianças no processo produtivo para auxiliar a subsistência da família.

Além disso, essa infância sobressai como uma infância potencializadora da busca de soluções que rompam com o aprisionamento em visões negativas e cerceadoras da realidade. Inscreve-se como um tempo para além do recebimento de cuidados, do tempo da inexperiência, do tempo da incapacidade. É também tempo de luta, de ação, de significação da vida como batalha contínua.

1.1. Tempo de tensões e exigências

As narrativas, em geral, partem da descrição de uma infância muito difícil. Observa-se no relato a vivência de tensões familiares e a necessidade de respostas a um conjunto de responsabilidades tidas como caracteristicamente adultas assumidas muito precocemente. Essa fase circunscreve-se às condições precárias de vida, onde a sociabilidade se constrói em função da lógica do trabalho compartilhado no seio da família e o brincar se descortina como aspecto não prioritário ou mesmo como ato que emerge, secundariamente, enquanto preocupação.

> *Eu tive uma infância muito difícil, onde no começo eu tinha muitas coisas, mas que logo depois eu perdi tudo. Meu pai se envolveu com o pessoal onde eu morava, dizem que foi mandado, e eu lembro como se fosse hoje, eu tinha meus dois anos e meio, eu estava do lado de fora da casa e a polícia chegou e levou meu pai sem nenhuma explicação. [...] Foi muito sofrimento porque minha mãe*

tinha acabado de ficar grávida de gêmeos, e mamãe já tinha cinco filhos, quatro mulheres e um menino, e já estava grávida de novo, e iria completar sete com os gêmeos [...]. Eu sei o que é as pessoas te dizerem que você merece morrer de fome, e você ter que sentir o cheiro da comida e não poder comer. Minha irmã morreu agarrada no meu cabelo tentando pedir alguma coisa, mas não tinha nada pra dar de comer, então, era muito sofrimento. [...] A nossa casa era de colunas de pau amarrado e as colunas cobertas de barro. E quando vinha a enchente, a gente ficava alagada. Tudo enchia de água e era chão, era terra batida mesmo e tudo ficava barro, não tinha nada. E a nossa cama, onde a gente dormia, mamãe botava folha seca de milho e forrava direitinho e a gente dormia e eu lembro que eu tinha medo de acordar com mordida de rato [...]. Eu ia com um carrinho vendendo verduras para poder ajudar a cuidar das minhas irmãs. Tinha vezes que eu não tinha força nem para abrir a sacola para poder colocar as moedas de tanta fome e sede. Mas, tinha que vender, se não minhas irmãs passavam fome e minha mãe também [...]. Então, se alguém me pergunta se eu tive infância, eu digo que eu não tive infância. Eu nunca ganhei uma boneca... Eu tinha um sonho de ganhar essa boneca e nunca ganhei... Nunca ganhei nada... Eu não tive essa infância... (Neusa).

1.2. Tempo de carências e escassez

A experiência da escassez destaca-se como elemento marcante e estruturante na vida de todos os entrevistados. De acordo com Sawaia (1999), este último aspecto justifica-se, pois demonstra o sofrimento ético-político como consequência do entrelaçamento indivisível dos determinantes econômicos, sociais e emocionais. Portanto, antes de somente visualizarmos a fome e o desprovimento quase absoluto como traços de uma vida difícil, faz-se necessário considerar essas circunstâncias como determinantes que formam e conformam nossos entrevistados. É a bem dizer, a vida de parcela significativa da população brasileira.

Outro aspecto deve ser também considerado: Santos (1999), ao discutir a problemática dos "não possuidores" e sua convivência com a pobreza e a escassez, ressalta que estes são obrigados a priorizar uma atitude de luta pela sobrevivência e a desenvolver uma prontidão de sentidos, que lhes sobressai como riqueza adquirida em função da própria experiência. Estes aspectos são fortemente expostos nas narrativas dos entrevistados, e parecem ser preponderantes no processo de reversão que efetivam em suas próprias vidas.

É com essa força que eles se eximem da contrafinalidade e, ao lado da busca de bens materiais finitos, cultivam a procura de bens infinitos, como a solidariedade e a liberdade; estes, quanto mais se distribuem mais aumentam (Santos, 1999, p. 3).

Os desafios decorrentes da vida marcada pela carência e pela escassez são frequentes no cotidiano e se relacionam aos afazeres da casa, ao mundo do homem do campo, ao mundo da fazenda do proprietário da terra, ao mundo de tarefas específicas para mulheres e para homens. Exigem observações cuidadosas e atentas, que facilitem o processo de contínua apreensão do sentido da ação no mundo. O sentido mesmo de uma história em que o deslize do bem e do mal, do certo e do errado, faz-se com grande fluidez. Não há fixação em ressentimentos. Produzem-se marcas, mas não mágoas[5].

> Quando nós chegamos, não tinha mais casa pra gente morar, então nós fomos os primeiros sem-terra daqui. Aí, chegamos e não tinha mais onde morar. Outro fazendeiro que teve que adotar o papai e a gente foi para a beira de uma lagoa, morar num casebre, num lugar esquisito,

---

[5] A diferença entre ressentimento e marcas é bem trabalhada por Espinosa na Ética e, posteriormente, retomada por Nietzsche ao longo de toda sua obra, principalmente em seus escritos sobre a genealogia da moral. O ressentimento existe quando a pessoa nega a vida em sua expansão e abundância. Utiliza-se de causas externas (transcendentes) para justificar os acontecimentos (a vida) e aquilo que lhe afeta nos encontros. Nesse sentido, apenas padece (ressente) e não tem uma ação concreta (expansão) capaz de alterar seu entorno e seus modos existenciais. Culpabiliza alguém (algo externo) por suas dores e não as concebe como imanentes à existência (Deleuze, 2002).

com um monte de sapo gritando... isso eu me lembro, mesmo sendo pequenininha, eu me lembro... eu tinha muito medo, era escuro. E a casa não tinha porta, não tinha janela [...]. Meu irmão tinha um negócio de ficar cantando na beira do caminho, na beira da estrada e as pessoas passavam e davam moeda daqui, davam outra dali e, com isso, papai ia comprando comida até arrumar serviço [...]. Meu irmão mais velho ia para a roça com eles e eu, ficava em casa e tinha que dar conta de tudo [...]. Então eu aprendi a costurar muito nova... eu, com 10 anos, me lembro de costurar na mão... não tinha máquina, não tinha tesoura, não tinha nada para eu costurar, mas eu fazia roupa para mim, para minha mãe, para minhas irmãs, costurava mesmo... e roupa usada que ia daqui da cidade para lá, a gente transformava: virava do avesso, do direito, e costurava tudo na mão, e a gente ia arrumando as coisas (Antônia).

2. Um percurso de migrações sucessivas

Todos os entrevistados descrevem em suas narrativas uma trajetória de mudanças sucessivas. Nasceram em cidadelas localizadas no interior do Espírito Santo ou mesmo de outros estados e, juntamente com suas famílias, efetivaram um deslocamento progressivo para a capital. Do ponto de vista histórico, esses dados coadunam-se com a migração e a explosão demográfica registrada na Grande Vitória durante os anos 70 (Rocha e Morandi, 1991).

Considerando a lógica dos migrantes (Santos, 1996), percebe-se, quanto ao arsenal de experiências acumuladas e às lembranças trazidas consigo, que elas não são, em geral, suficientes para as respostas que precisam dar às exigências cotidianas da vida na cidade. Por isso, em geral, após o atordoamento inicial, refazem-se em função do desprovimento que trazem consigo, já que o indivíduo pobre, minoritário, migrante, situa-se como alguém que mais abruptamente é atingido pelo choque da novidade. Todavia, por outro lado, mais facilmente realiza a descoberta de um novo saber. Ele é obrigado, frente ao novo espaço, a efetivar um novo aprendizado, uma nova formulação, uma nova inserção.

Neste sentido, é possível observar que todos foram instigados, muitas vezes junto de seus familiares, outras não, a efetuarem esse processo. Necessariamente, viram-se forçados a enfrentar rupturas de determinadas redes de proteção existentes nas pequenas localidades onde viviam, de vínculos familiares de que dispunham e a apropriarem-se de novos códigos de sobrevivência, além de serem forçados a estabelecer novas relações pautadas em outras bases e valores.

Eu nasci em Colatina e passei a minha infância em Colatina mesmo, lá no Novo Brasil. Fui nascida e criada lá e saí de lá com 17 anos [...]. E uma dona amiga da minha mãe pediu para ela me levar para o Rio de Janeiro e fui, e fiquei três anos lá e estudei. Antes de ir para o Rio, eu fui para Linhares e lá a dona não me deixou estudar. Então, eu voltei para casa e logo depois eu fui para o Rio. Depois eu vim embora porque a minha mãe me chamou, eu fui direto para Vitória e já vim morar com o meu irmão (Graça).

3. Uma luta permanente pela vida

É perceptível o enfrentamento que travaram com quase todas as condições adversas com que foram obrigados a defrontar-se em suas vidas. Todos descrevem um processo de luta permanente pela vida. Convivendo com os limites impostos por suas condições materiais e sociais de vida, portam-se, muitas vezes, como guerreiros. "Cada dia acaba oferecendo uma nova experiência da escassez. Por isso, não há lugar para o repouso e a própria vida acaba por ser um verdadeiro campo de batalha... o que há mesmo é uma luta" (Santos, 1999, p. 4). Travam uma luta constante, seja pela sobrevivência em conjunto com seus familiares próximos, seja para a realização de seus estudos em concomitância com o esforço para a obtenção de meios para a sobrevivência ou ainda para a efetivação de aprendizados que lhes garantam condições de desenvolvimento no mundo do trabalho. Desta forma, pode-se depreender das narrativas dois eixos processuais que expressam bem esse investimento: a luta pela escolarização e a luta pelo trabalho.

3.1. Luta pela escolarização

No que diz respeito à escolarização, as narrativas trazem uma história de lutas cotidianas para a realização das exigências de cumprimento dos diversos níveis de escolaridade. Olhando com maior cuidado, é possível observar que o movimento que empreendem é de uma luta contra uma lógica excludente. É um conjunto de resistências cotidianas contra a impossibilidade de responder a tudo que é exigido pela instituição escolar: sapatos, uniformes, livros, cadernos, cartilhas e tempo. Essas exigências, que não podem ser atendidas inteiramente, obrigam-lhes à busca de alternativas.

Já há algum tempo, a história da educação brasileira demonstra que parcelas significativas da população foram excluídas do processo de escolarização[6]. De certo modo, os entrevistados espelham essa lógica materializada para além das suas vidas. Todos os narradores evidenciam dificuldades que enfrentaram para completar os estudos, mas ao mesmo tempo, permitem ao ouvinte perceber sua insistência para alcançar determinado patamar de escolaridade.

A carência e as dificuldades não são motivos para a paralisia. Ao contrário, são fontes de desafios, criação e busca de soluções. É possível o aprender, é possível a ida à escola pela insistência e determinação. A persistência e a vontade instigam o transmutar da própria vida, uma ação positiva de criação e superação. Se não em um tempo contínuo, a essa superação vincula-se a trama cotidiana instalando um espaço permanente de aprendizados de habilidades, de capacidade de enfrentamento e inserção cada vez mais intensa no mundo.

---

[6] Romanelli (1994) apontando dados fornecidos pelo Ministério da Educação e Cultura, mostra que 80,30% das crianças, entre sete e quatorze anos, da zona rural, não frequentavam a escola, no ano de 1970.

Conforme assinala Spósito (1993), a luta por acesso e permanência na escola se entrelaça à luta das camadas populares por condições dignas de vida. Uma ilusão que, conforme mostra essa autora, fecunda a batalha por ampliação de direitos políticos e fertiliza aprendizados inusitados. As táticas criadas pelos entrevistados para concretizar o acesso e a permanência na escola indicam não apenas a face excludente e discriminatória do sistema público de ensino. Revela também as artes cotidianas que recriam esse cotidiano fazendo da escola não apenas elemento reprodutor das desigualdades. Ao mesmo tempo em que desnudam tais desigualdades, essas táticas mostram que as camadas populares não podem ser vistas como constituídas de sujeitos apáticos, amorfos, conformados com as situações materiais e subjetivas de vida, mas como pessoas que persistem cotidianamente na reversão de tais condições. Desse modo, nas narrativas sobressaem as diversas estratégias que utilizaram para materializar esse direito negado.

> Nunca tinha ido à escola até os onze anos. Trabalhava só. Com onze anos já trabalhava [...]. O padre perguntou se eu sabia rezar, e todas as rezas que ele perguntou eu sabia [...] então ele perguntou se eu estava na escola e eu falei que não. E ele falou assim: fala com sua mãe que eu vou te colocar na escola, amanhã mesmo. E eu botei aquilo na cabeça, cheguei em casa e comecei no ouvido da minha mãe: eu quero ir para escola, eu quero ir para escola [...]. Até que um dia passou uma professora na nossa casa, que dava aula particular, passou até procurando alunos, e eu fui. Comecei a estudar na escola que ficava perto. Perto que eu falo é assim: uma hora de andar a pé [...]. Então, eu comecei a ir, mas aí eu precisava de material, precisava de livro, precisava de cartilha. Eles nunca compravam para mim a cartilha. Aí, eu pedi emprestado para o namorado da minha irmã, e ele me emprestou. Como era muito longe para eu ir sozinha, a minha mãe falou assim: agora seu irmão vai junto, um abaixo de mim, porque você não pode ir sozinha. Aí compraram para ele uma cartilha bonita, maior para ele, e a minha era velhinha, pequenininha. [...] Eu peguei no caminho com ele e falei assim: você é menor que eu, então você fica com essa cartilha

aí e me dá a sua pra mim. Troquei com ele e fui para a escola com tanta vontade que eu li aquela cartilha em pouco tempo [...]. Quando eu ia na rua comprar as coisas para ela, porque a gente não tinha na roça, eu falava assim: mãe posso comprar um caderno pra mim? E ela falava não, senão a conta fica muito cara. Aí, eu ia e aumentava alguma coisa que ela pediu e comprava um caderno escondido para ter como escrever [...]. Foi uma luta muito grande para mim fazer a segunda série. [...] (Carlinda).

3.2. Luta pelo trabalho

A luta pelo trabalho é parte essencial da história de todos. Desde muito cedo, tiveram que se envolver nos afazeres da vida na roça, ou da casa, ou da casa da patroa, ou atuarem como vendedores na rua. Como já assinalado, a luta pela sobrevivência familiar faz-se imbricada com o trabalho, com o esforço para a efetivação do processo de escolarização e como ingrediente motor para as vivências desses âmbitos. É possível observar que os acontecimentos vividos foram disparadores de potência. Os movimentos empreendidos por eles, de certa forma, sinalizam disposição e compromisso com a expansão da vida. Não sucumbem às duras condições de existência. Sempre há espaço para outras possibilidades, para outros investimentos.

Todo esse movimento é observado nas narrativas de nossos entrevistados. Há uma luta constante. Não importa o tempo: seja com seis, oito ou dez anos de idade, a vida exige respostas. A sobrevivência é assegurada com trabalho e despojamento para novos aprendizados e novas incursões em um mundo que vai sendo conquistado. O crescimento se dá como uma elipse. Apropria-se de um saber-fazer, dominam-se outros conhecimentos, torna-se cada vez mais apto para outras perspectivas. O que parece importar é o domínio de fazeres que garantam novas apropriações, conquistas e registro de outras possibilidades de existência.

Eu fui ser vendedor ambulante de salgados... eu vendia pastel, bolinho de aipim, quibe, muxá e cuscuz... A minha mãe fazia, a gente mesmo fazia em casa, a gente ajudava fazer [...]. Quando parei de vender as coisas, eu fui trabalhar numa casa de família como faxineiro. Daí, eu encerava... aprendi a passar cera no chão, lavar banheiro, tirar a poeira dos móveis e passar óleo de peroba nos móveis. Eu fiquei quase dois anos nessa casa, com esse pessoal. Com isso eu cresci muito, né? Aí, eles arrumaram para eu trabalhar no supermercado São José. [...] Eu tinha 16 para 17 anos... e era carteira assinada, carteira de menor [...]. Depois que saí do supermercado eu fui trabalhar no Tubarão, como servente [...]. Lá no Tubarão, eu ganhava 65/hora, era um salário mínimo e a gente sabia quanto ganhava por hora. Mas eu sempre ganhei mais, porque eu sempre fiz hora extra.[...]. Eu calculava tudo, quantas horas que eu tinha de 50%, quantas horas de 100%... Saí do Tubarão e fui trabalhar numa empreiteira da Escelsa. Fui trabalhar de ajudante da telefonia... Telefone.... picava vala, lá em Carapina....Aí, depois eu saí da telefonia, fui pra parte elétrica, trabalhar de esporeiro. Trabalhando em um poste, botando uns ferros nas pernas para poder subir.... A gente botava iluminação, rede elétrica. Construía nova, reformava as velhas... Eu entrei como ajudante e saí como oficial também. Era outra profissão que entrou na carteira. [...] Em Ponte Nova, eu trabalhei numa fábrica de papel por um ano e pouco, mas como eletricista de manutenção. Eu dava manutenção na fábrica. Eu fui ganhando profissões sem cursos. Eu nunca precisei fazer cursos... fiz alguns cursos manuais, mas esses de pedreiro, de eletricista foi no laço. Aí, eu fui só crescendo. Eu fui convidado para trabalhar na comunidade [...]. Como eu já tinha habilidade manual também, eu fui para lá. Fui ensinar confecção de bolsa. Hoje eu dou curso de tapeçaria (Alcione).

4. Participação comunitária

Outro aspecto destacado nas narrativas relaciona-se ao envolvimento de todos com as dificuldades e problemas de seus bairros, assim como uma forte atuação no plano das práticas religiosas. Entendem que habitar o mundo é necessariamente pisar um território de maneira compartilhada com outros homens. É conviver. Conviver com pessoas com percursos, pensamentos e práticas diferentes. É fundamentalmente entrelaçar-se com todos, captando suas experiências, interrogando-se a partir de suas práticas e imiscuindo-se nas ações coletivas que passam a ter sentido para a coletividade. Supera-se o sentido dos exclusivos interesses individuais. "[...] não há negociação possível, já que, individualmente, não há força de negociação. A sobrevivência só lhes é assegurada porque as experiências imperativamente se renovam" (Santos, 1999, p. 2).

Pode-se compreender a importância do compartilhamento do cotidiano, já que, em função de suas descontinuidades ou fraturas, é possível, por meio da partilha, a produção de outros conhecimentos e a execução de ações gestadas em comum.

> O senso comum é comum não porque seja banal ou mero e exterior conhecimento. Mas porque é conhecimento compartilhado entre os sujeitos da relação social. Nela o significante se precede, pois é condição de seu estabelecimento e ocorrência (Martins, 2000, p. 59).

A vivência nas atividades da igreja enlaça-se nessa mesma perspectiva. Todos os entrevistados relatam uma grande implicação com a celebração da vida cristã. Neste aspecto, não têm a visão de uma igreja sacralizada, fechada em si mesma e distante do cotidiano dos seus fiéis, mas sim de uma igreja comprometida com os anseios populares, com a vida do povo e com os movimentos sociais organizados. Estar na igreja celebrando significa se envolverem nos movimentos, exige atuação prática nas lutas sociais. Significa incitar uma atuação eclesial que se configura a partir das práticas litúrgicas não dissociadas da ação pastoral.

Percebe-se que o sentimento de todos vincula-se à felicidade decorrente do "sentido de vitória como etapa de conquista da cidadania e da emancipação de si e do outro" (Sawaia, 1999, p. 105). O engajamento de todos, seja nas associações de bairros, nos grupos de mulheres, nas pastorais ou nos partidos faz-se com determinação e expressa a vivência de experiências desta natureza. Esse engajamento produz-se como potência de agir e supera a possibilidade do aprisionamento à lógica da apatia e do desânimo.

> [...] eu voltei a fazer curso no SESI, de corte e costura novamente, e lá eu vi o papo daquelas senhoras, de idade mais que a minha, mais esclarecidas. Falavam em comunidade, em participar disso e daquilo, de tudo. Alguma coisa me interessou e eu tinha amigas que participavam aqui. Aí, comecei a participar do grupo de mulheres. Depois comecei a participar do grupo de oração, e comecei a me ingressar, fui tomando gostinho e por aí foi. Eu via as pessoas falando sobre trabalhos sociais e eu não entendia. Na celebração falavam de compromisso, de problema. Eu me perguntava: o que eu tenho a ver com isso? [...]. Eu me lembro que na época, tinha o grupo de mulheres que começou a fazer umas passeatas... As estradas eram muito ruins, então, começaram a reivindicar. Depois inventaram de arrumar uma forma de estar cobrando do prefeito, colocaram umas valas ali na rua pra chamar atenção. Quando chovia, tinha que andar a pé, não tinha carro [...]. E aí, com isso eu entrei na associação de moradores, entrei no conselho da comunidade, entrei na equipe, comecei a pegar compromisso (Maria do Carmo).

5. Possibilidade de transformação

Um outro aspecto importante refere-se a uma forte crença, por parte dos entrevistados, de que algo pode e deve ser realizado por eles, com o propósito de busca de transformação do mundo que os cerca. Transformação que se relaciona à busca de mudanças nas condições de suas próprias vidas, nas condições estruturais de suas comunidades, nas condições de vida de seus pares e das pessoas em geral, nas condições dos serviços disponibilizados para a população e, finalmente, das políticas sociais implementadas pelo Estado.

A crença de que uma mudança para melhor é possível percorre o discurso de todos e constitui o motor de suas práticas à frente do cumprimento de suas funções, seja como conselheiros tutelares, como partícipes de atividades ligadas à Igreja, como membros das associações de moradores ou outras entidades quaisquer. Acreditam que a mobilização popular pode instigar e exigir respostas e ações do Estado.

Observa-se, por outro lado, uma grande descrença na ação dos políticos. Estes seriam movidos por propósitos distantes dos anseios da população, do que poderia ser uma proposição estadista e, portanto, não inspiram confiança. Ao contrário, em Cariacica, suas práticas contribuem para afirmar a certeza de que somente através dos gritos, lutas e reivindicações das comunidades os políticos serão forçados a responder por suas obrigações na vida pública.

Essa crença nas mudanças é expressa por meio da palavra 'luta' e justificada em função de diversos fatores. Pelo fato de sonharem, de apostarem na vida enquanto um processo de mudanças possíveis, por acreditarem que a história faz-se cotidianamente como forma de superação das próprias dificuldades vividas na infância e nas suas vidas, ou ainda, para buscarem a proteção de crianças e jovens e assegurar-lhes um futuro mais digno. Uma crença que se confunde com sonho, esperança e, ao mesmo tempo, com persistência e ação.

Sobre este aspecto, concordamos com as considerações de Santos (1999) ao observar que os pobres acabam por desenvolver uma nova perspectiva de futuro vinculada, em geral, à importância do espaço local como propulsor para o enfrentamento de constantes desafios. O espaço que ocupam, geralmente desprovido de condições para respostas ao convite da sociedade de consumo, é transformado em "teatro da inovação", já que nele se vivencia um futuro e um passado imediatos concomitantemente a um presente efetivado, não obstante inconcluso. O processo constrói-se de tal forma que sempre se faz com marcas de renovação. Neste sentido, o local ganha relevância. Projetam o município de Cariacica com outras marcas, almejando que seja construído cada vez mais em função de suas práxis, assim como da ação de outros tantos personagens.

Vale, neste aspecto, lembrar Martins (2000) quando analisa que a reprodução ampliada do capital não se faz sem um agravamento das contradições sociais. Por outro lado, a reiteração de tais contradições implica a reprodução das relações sociais que, no seu bojo, sinaliza para a repetição do velho, sem contudo impossibilitar uma certa criação do novo. "Pois é no instante dessas rupturas do cotidiano, nos instantes da inviabilidade da reprodução, que se instaura o momento da invenção, da ousadia, do atrevimento, da transgressão". (Martins, 2000, p. 64).

O que parece estabelecido é que todos apostam na história como processo em construção e se colocam o desafio de contribuir para que seja cada vez menos marcada por tanta desigualdade social. Esse desafio vincula-se à visão de que enquanto houver vida, algo pode ser realizado. O percurso é de desafios, superação de dificuldades, insistência, criação e construção de outros possíveis. Demonstram acreditar que é no jogo das forças sociais que a história se constrói, que as políticas se implementam. Não se mostram convencidos por discursos fatalistas ou céticos que apregoam o silêncio e a passividade dentro da ótica de que a insignificância das ações das pessoas não lhes permitirá intervir nos processos.

> E quando a gente quer lutar junto, a gente transforma. Você sabe disso, que o povo tem força. Só que, infelizmente, o povo não sabe disso, tem medo. Saber até que sabe, só que muitos se acovardam. Mas o Padre Gabriel dizia que a Igreja não pode se acomodar, nós tínhamos que, ao contrário, incomodar. E ele falava outra coisa que é assim: Deus se quiser transformar o mundo num piscar de olhos, Ele transforma. Só que Ele quer a participação de cada um, Ele precisa que cada um atue no dia a dia [...]. Às vezes, nós somos muitos teimosos nessa questão de persistência. Eu acho que na verdade, nós somos sonhadores. Temos a certeza de acreditar em um dia melhor [...]. No dia que a gente deixar de sonhar, a gente morreu. O dia que você perder a esperança, eu acho que nesse dia tudo está morrendo, você não existe mais, você morre junto nesse dia. Você sonha tanto com um município melhor,

você sonha com um bairro melhor pra você andar. Ver as crianças brincando, você sonha de entrar numa casa... e talvez seja isso que me faz não desistir. Eu não sei porque, às vezes, você tem que descobrir que é guerreira, você tem que descobrir que você luta muito, você sabe que são quatro anos de luta [...]. Deus não fez o mundo de uma vez só, foi devagar.. E nós também não nascemos quando nós fomos fecundados, nós levamos nove meses para sermos gerados e depois nascer. A mesma coisa é o trabalho... Então, quando você sonha, eu acredito assim, quando você sonha, tem um objetivo, segue naquela direção, nada impede, você consegue. Não me pergunte como é que você chega, mas chega (Elza).

Buscando concluir...

Após a apresentação de breves análises e dos relatos dos conselheiros tutelares de Cariacica, algumas questões sobressaem como significativas e, com certeza, cada leitor poderá ressaltar as que lhe convier.

De nossa parte, consideramos que na virada do milênio, em uma conjunção espaço-temporal marcadamente atordoante, com traços de cinismo, naturalização e desesperança, os fragmentos da história de vida desses atores sociais rompem com a lógica da predestinação. Histórias-movimentos que sinalizam a significação de ações pautadas na crença da vida e na tentativa da construção de outros movimentos históricos. Ações que expressam persistência, insistência, aprendizados, coletivização, sonhos e esperança. Uma esperança que se vincula ao ato de tecer dia após dia uma outra vida com dignidade e, fundamentalmente, de criar outras formas de participação e cidadania. Cidadania entendida não como um simples padrão radicado no consumo e na necessidade de ter, mas no amplo leque de necessidades individuais, sociais e políticas que precisam ser contempladas e serem efetivamente transformadas em direito para todos.

Referências bibliográficas

BRASIL. Decreto-Lei n° 8069, de 13 de julho de 1990. Esta Lei dispõe sobre a proteção integral à criança e ao adolescente. Diário Oficial da República Federativa do Brasil, Brasília, 14 de outubro de 1990.

Deleuze, G. (2002). *Espinoza*: filosofia prática. São Paulo: Escuta.

Guará, I. M. (1997). Modernidade, adolescência e cidadania. In Baptista, D., et al. *Cidadania e subjetividade*. São Paulo: Imaginário.

INSTITUTO DE PESQUISA ECONÔMICA APLICADA. Pesquisa sócio-econômica. Disponível em: <www.ipea.gov.br >. Acesso em: 15 dez. 2003.

Lesbaupin, Ivo. (2000). *Poder local x exclusão social*: a experiência das prefeituras democráticas no Brasil. Petrópolis: Vozes.

Martins. J. de S. (2000). *A sociabilidade do homem simples*: cotidiano e história na modernidade anômala. São Paulo: Hucitec.

Rizzini, I. (2000). Pequenos trabalhadores do Brasil. In Del Priore, M. (Org.). *História das crianças no Brasil*. 2. ed. São Paulo: Contexto.

Rocha, H. C. & Morandi, A . (1991). *Cafeicultura e grande indústria:* a transição no Espírito Santo 1955-1985. Vitória: Fundação Ceciliano Abel de Almeida.

Romanelli, O. (1994). *História da educação no Brasil*. 16. Petrópolis: Vozes.

Santos, M. *A revolução tecnológica, a experiência da escassez e os limites da globalização atual*. Discurso proferido na ocasião do recebimento do título de Doutor Honoris Causa da Universidade de Brasília, em 11 de novembro de 1999.

_____. (1996). *A natureza do espaço*. São Paulo: Hucitec/Edusp.

Sawaia, B. (1999). (Org.). *As artimanhas da exclusão*: análise psicossocial e ética da desigualdade social. Petrópolis: Vozes.

Spósito, M. (1993). A ilusão fecunda. São Paulo: Hucitec/ Edusp.

Impresso por :

gráfica e editora

Tel.:11 2769-9056